沈从文
SHEN CONG WEN
散文珍藏本

湘行书简

图书在版编目（CIP）数据

湘行书简：珍藏本/沈从文著.—北京：人民文学出版社，2021
（沈从文散文珍藏本）
ISBN 978-7-02-016354-0

Ⅰ.①湘… Ⅱ.①沈… Ⅲ.①沈从文（1902—1988）—书信集 Ⅳ.①K825.6

中国版本图书馆CIP数据核字（2020）第083369号

责任编辑　杜　丽
装帧设计　刘　静
责任印制　廖　冉

出版发行　人民文学出版社
社　　址　北京市朝内大街166号
邮政编码　100705

印　　刷　北京盛通印刷股份有限公司
经　　销　全国新华书店等

字　　数　80千字
开　　本　850毫米×1168毫米　1/32
印　　张　3.5　插页3
印　　数　1—5000
版　　次　2017年3月北京第1版
印　　次　2021年5月第1次印刷

书　　号　978-7-02-016354-0
定　　价　42.00元

如有印装质量问题，请与本社图书销售中心调换。电话:010-65233595

沈从文
（1902—1988）

湖南凤凰县人。因家境没落，小学毕业后即投身行伍，随地方军队浪迹于湘黔川边境。1923年，在"五四"运动余波影响下，远离家乡闯荡北京，结识了董秋斯、张采真、司徒乔、焦菊隐、陈翔鹤、寒先艾等一批文学青年、大学生朋友。1924年底在《晨报副刊》发表了第一篇散文作品，正式开始了写作生涯。1929年后转移到上海，大量写作同时，经过胡适介绍开始在吴淞中国公学教书，后陆续曾在青岛大学、武汉大学、西南联大、北京大学任教。

主要文学作品有《边城》《湘行散记》《长河》等。1949年后从文学写作转向历史文物研究，先后在中国历史博物馆、中国社会科学院历史研究所工作，主要成果之一为《中国古代服饰研究》。2003年，家人和多方研究者合作编辑出版了32卷本《沈从文全集》。

三三,在这条河上最多的是歌声,麻阳人好像完全是吃歌声长大的。我希望下行时坐的是一条较大的船,在船上可以把这歌学会。

——《河街想象》

湘行速写（作者自绘）

目 录

引 子

张兆和致沈从文 之一 ············· 3
张兆和致沈从文 之二 ············· 5
张兆和致沈从文 之三 ············· 7

沈从文致张兆和

在桃源 ························· 11
小船上的信 ····················· 13
泊曾家河
　——三三专利读物 ············ 16
水手们
　——三三专利读物 ············ 18
泊兴隆街 ······················· 22
河街想象 ······················· 24
忆麻阳船 ······················· 26
过柳林岔 ······················· 28
泊缆子湾 ······················· 31

今天只写两张 …… 34
第三张 …… 37
过梢子铺长潭 …… 39
夜泊鸭窠围 …… 42
第八张 …… 46
梦无凭据 …… 48
鸭窠围的梦 …… 49
鸭窠围清晨 …… 51
歪了一下 …… 55
滩上挣扎 …… 57
泊杨家岨 …… 64
潭中夜渔 …… 67
横石和九溪 …… 70
历史是一条河 …… 77
离辰州上行 …… 80
虎雏印象 …… 81
到泸溪 …… 83
泸溪黄昏 …… 85
天明号音 …… 87
到凤凰 …… 89
感慨之至 …… 91
辰州下行 …… 93
再到柳林岔 …… 95
过新田湾 …… 98
重抵桃源 …… 102

尾 声

沈从文致沈云六 ………………………………… *107*

引 子

张兆和致沈从文 之一

二哥：

乍醒时，天才蒙蒙亮，猛然想着你，猛然想着你，心便跳跃不止。我什么都能放心，就只不放心路上不平靖，就只担心这个。因为你说的，那条道不容易走。我变得有些老太婆的迂气了，自打你决定回湘后，就总是不安，这不安在你走后似更甚。不会的，张大姐说，沈先生人好心好，一路有菩萨保佑，一定是风调雨顺一路平安到家的。不得已，也只得拿这些话来自宽自慰。虽是这么说，你一天不回来，我一天就不放心。一个月不回来，一个月中每朝醒来时，总免不了要心跳。还怪人担心吗，想想看，多远的路程多久的隔离啊。

你一定早到家了。希望在你见到此信时，这里也早已得到你报告平安的电信。妈妈见了你，心里一快乐，病一定也就好了。不知道你是不是照到我们在家里说好的，为我们向妈妈同大哥特别问好。

昨天回来时，在车子上，四妹老拿膀子拐我。她惹我，说我会哭的，同九妹拿我开玩笑。我因为心里难受，一直没有理她们。今天我起得很早。精神也好，因为想着是替你做事，我要好好地做。我在给你写信，四妹伸头缩脑的，九妹问我要不要吃粿鸡子。我笑死了。

　　路上是不是很苦,这条路我从未走过,想象不到是什么情形,总是辛苦就是了。

　　我希望下午能得到你信。

兆和
一月八日晨

张兆和致沈从文 之二

从文二哥：

只在于一句话的差别，情形就全不同了。三四个月来，我从不这个时候起来，从不不梳头、不洗脸，就拿起笔来写信的。只是一个人躺到床上，想到那为火车载着愈走愈远的一个，在暗淡的灯光下，红色毛毯中露出一个白白的脸，为了那张仿佛很近实在又极远的白脸，一时无法把捉得到，心里空虚得很！因此，每一丝声息，每一个墙外夜行人的步履声音，敲打在心上都发生了绝大的返响，又沉闷，又空洞。因此，我就起来了。我计算着，今晚到汉口，明天到长沙，自明天起，我应该加倍担着心，一直到得到你平安到家的信息为止。听你们说起这条道路之难行，不下于难于上青天的蜀道，有时想起来，又悔不应敦促你上路了。倘若当真路途中遇到什么困难，吃多少苦，受好些罪，那罪过，二哥，全数由我来承担吧。但只想想，你一到家，一家人为你兴奋着，暮年的病母能为你开怀一笑，古老城池的沉静空气也一定为你活泼起来，这么样，即或往返受二十六个日子的辛苦，也仍然是值得的。再说，再说这边的两只眼睛，一颗心，在如何一种焦急与期待中把白日同黑夜送走，忽然有一天，有那么一天，一个瘦小的身子挨进门来，那种欢喜，唉，那种欢喜，你叫我怎么说呢？总之，一切都是废话，让两边的人耐心地等待着，让时间把那个值得庆祝的日子带来吧。

　　现在，现在要轮到你来告诉我一些到家后的情形了。家里是怎么样欢迎你来着？老人家的精神是不是还好？你那大哥，是不是正如你所说的，卷起两只袖口，拿一把油油的锅铲忙出忙进？大哥大嫂三哥三嫂你记着替我同九妹致意没有？尤其是大嫂，代替大家服侍了妈十几年，对她你应该致最大的尊敬。嫂嫂们，你记着，别太累她们。你到家见妈时，记着把那件脏得同抹布样子的袍子换下来，穿一件干净的么？你应当时时注意妈妈房里空气的流通，谈话时，探听点老人家想吃点外面的什么东西，将来好寄。真的，有好些事我都忘了叮嘱你，直至走后才一件一件想起来，已来不及了……还有到家后少出门，即或出门也以少发议论为妙。苗乡你是不暇去的了，听说你那个城子，要不了一会儿能可以走遍，你是不是也看过一道？一切与十五年前有什么不同？

三三

九日侵晨

张兆和致沈从文 之三

亲爱的二哥：

　　你走了两天，便像过了许多日子似的。天气不好。你走后，大风也刮起来了，像是欺负人，发了狂似的到处粗暴地吼。这时候，夜间十点钟，听着树枝干间的怪声，想到你也许正下车，也许正过江，也许正紧随着一个挑行李的脚夫，默默地走那必须走的三里路。长沙的风是不是也会这么不怜悯地吼，把我二哥的身子吹成一块冰？为这风，我很发愁，就因为自己这时坐在温暖的屋子里，有了风，还把心吹得冰冷。我不知道二哥是怎么支持的。我告诉你我很发愁，那一点也不假，白日里，因为念着你，我用心用意地看了一堆稿子。到晚来，刮了这鬼风，就什么也做不下去了。有时想着十天以后，十天以后你到了家。想象着一家人的欢乐，也像沾了一些温暖，但那已是十天以后的事了，目前的十个日子真难捱！这样想来，不预先打电回家，倒是顶好的办法了。路那么长，交通那么不便，写一个信也要十天半月才得到，写信时同收信时的情形早不同了。比如说，你接到这信的时候，一定早到家了，也许正同哥哥弟弟在屋檐下晒太阳，也许正陪妈坐在房里，多半是陪着妈。房里有一盆红红的炭火，且照例老人家的炉火边正煨着一罐桂圆红枣，发出温甜的香味。你同妈说着白话，说东说西，有时还伸手摸摸妈衣服是不是穿得太薄。忽然,你三弟走进房来,送给你这个信。接到信,无疑地,你会快乐,但拆开信一看,愁呀冷呀的那么一大套,不是全然同你们的调子不谐和了吗?我很想写:"二哥,我快乐极了,同九丫头跳呀蹦呀的闹了半天,因为算着你今天准可到家,晚上我们各人吃了三碗饭。"使你们更快乐。但那个信留到十天以后再写吧,你接到此信时,只想到我们当你看信时也正在为你们高兴,就行了。

希望一家人快乐康健!

三三
九日晚

沈从文致张兆和

在桃源

三三：

　　我已到了桃源，车子很舒服。曾姓朋友送我到了地，我们便一同住在一个卖酒曲子的人家，且到河边去看船，见到一些船，选定了一只新的，言定十五块钱，晚上就要上船的。我现在还留在卖酒曲人家，看朋友同人说野话。我明天就可上行。我很放心，因为路上并无什么事情。很感谢那个朋友，一切得他照料，使这次旅行又方便又有趣。

　　我有点点不快乐处，便是路上恐怕太久了点。听船上人说至少得四天方可到辰州①，也许还得九天方到家，这分日子未免使我发愁。我恐怕因此住在家中就少了些日子。但我又无办法把日子弄快一点。

　　我路上不带书，可是有一套彩色蜡笔，故可以作不少好画。照片预备留在家乡给熟人照相，给苗老咪照相，不能在路上糟蹋，故路上不照相。

　　三三，乖一点，放心，我一切好！我一个人在船上，看什么总想到你。

---

① 即沅陵。

我到这里还碰到一个老同学,这老同学还是我廿年前在一处读书的。

二哥
十二日下午五时

在路上我看到个贴子很有趣:

立招字人钟汉福,家住白洋河文昌阁大松树下右边,今因走失贤媳一枚,年十三岁,名曰金翠,短脸大口,一齿凸出,去向不明。若有人寻找弄回者,赏光洋二元,大树为证,决不吃言。谨白。

三三:我一个字不改写下来给你瞧瞧,这人若多读些书,一定是个大作家。

小船上的信

　　船在慢慢的上滩,我背船坐在被盖里,用自来水笔来给你写封长信。这样坐下写信并不吃力,你放心。这时已经三点钟,还可以走两个钟头,应停泊在什么地方,照俗谚说:"行船莫算,打架莫看",我不过问。大约可再走廿里,应歇下时,船就泊到小村边去,可保平安无事。船泊定后我必可上岸去画张画。你不知见到了我常德长堤那张画不?那张窄的长的。这里小河两岸全是如此美丽动人,我画得出它的轮廓,但声音、颜色、光,可永远无本领画出了。你实在应来这小河里看看,你看过一次,所得的也许比我还多,就因为你梦里也不会想到的光景,一到这船上,便无不朗然入目了。这种时节两边岸上还是绿树青山,水则透明如无物,小船用两个人拉着,便在这种清水里向上滑行,水底全是各色各样的石子。舵手抿起个嘴唇微笑,我问他,"姓什么?""姓刘。""在这条河里划了几年船?""我今年五十三,十六岁就划船。"来,三三,请你为我算算这个数目。这人厉害得很,四百里的河道,涨水干涸河道的变迁,他无不明明白白。他知道这河里有多少滩,多少潭。看那样子,若许我来形容形容,他还可以说知道这河中有多少石头!是的,凡是较大的,知名的石头,他无一不知!水手一共是三个,除了舵手在后面管舵管篷管纤索的伸缩,前面舱板有两个人。其中一个是小孩子,一个是大人。两个人的职务是船在滩上时,就撑急水篙,左边右边下篙,把钢钻打得水中石头作出好听的声音。到长潭时则荡桨,躬起个腰推扳长桨,把水弄得哗哗的,声音也很幽静温柔。到急水滩时,则两人背了纤索,把船拉去,水急了些,吃力时就伏在石滩上,手足并用的爬行上去。船是只新船,油得黄黄的,干净得可以作为教堂的神龛。我卧的地方较低一些,可听得出水在船底流过的细碎声音。前舱用板隔断,故我可以不被风吹。我坐的是后面,凡为船后的天、地、水,我全可以看到。我就这样一面看水一面想你。我快乐,就想应当同你快乐,我闷,就想要你在我必可以不闷。我同船老板吃饭,我盼望你也在一角吃饭。我至少还得在船上过七个日子,还不把下行的计算在内。你说,这七个日子我怎么办?天气又不很好,并无太阳,天是灰灰的,一切较远的边岸小山同树木,皆裹在一层轻雾里,我又不能照相,也不宜画画。看看船走动时的情形,我还可以在上面写文章,感谢天,我的文章既然提到的是水上的事,在船上实在太方便了。倘若写文章得选择一个地方,我如今所在的地方是太好了一点的。不过我离得你那么远,文章如何写得下去。"我不能写文章,就写信。"我这么打算,我一定做到。我每天可以写四张,若写完四张事情还不说完,我再写。这只手既然离开了你,也只有那么来折磨它了。

我来再说点船上事情吧。船现在正在上滩,有白浪在船旁奔驰,我不怕,船上除了寂寞,别的是无可怕的。我只怕寂寞。但这也正可训练一下我自己。我知道对我这人不宜太好,到你身边,我有时真会使你皱眉,我疏忽了你,使我疏忽的原因便只是你待我太好,纵容了我。但你一生气,我即刻就不同了。现在则用一件人事把两人分开,用别离来训练我,我明白你如何在支配我管领我!为了只想同你说话,我便钻进被盖中去,闭着眼睛。你瞧,这小船多好!你听,水声多幽雅!你听,船那么轧轧响着,它在说话!它说:"两个人尽管说笑,不必担心那掌舵人。他的职务在看水,他忙着。"船真轧轧的响着。可是我如今同谁去说?我不高兴!

梦里来赶我吧,我的船是黄的,船主名字叫做"童松柏",桃源县人。尽管从梦里赶来,沿了我所画的小堤一直向西走,沿河的船虽万万千千,我的船你自然会认识的。这里地方狗并不咬人,不必在梦里为狗吓醒!

你们为我预备的铺盖,下面太薄了点,上面太硬了点,故我很不暖和,在旅馆已嫌不够,到了船上可更糟了。盖的那床被大而不暖,不知为什么独选着它陪我旅行。我在常德买了一斤腊肝,半斤腊肉,在船上吃饭很合适……莫说吃的吧,因为摇船歌又在我耳边响着了,多美丽的声音!

我们的船在煮饭了,烟味儿不讨人嫌。我们吃的饭是粗米饭,很香很好吃。可惜我们忘了带点豆腐乳,忘了带点北京酱菜。想不到的是路上那么方便,早知道那么方便,我们还可带许多北京宝贝来上面,当"真宝贝"去送人!

你这时节应当在桌边做事的。

山水美得很,我想你一同来坐在舱里,从窗口望那点紫色的小山。我想让一个木筏使你惊讶,因为那木筏上面还种菜!我想要你来使我的手暖和一些……

(十三日下午五时)

泊曾家河

——三三专利读物

我的小船已泊到曾家河。在几百只大船中间这只船真是个小物件。我已吃过了夜饭,吃的是辣子、大蒜、豆腐干。我把好菜同水手交换素菜,交换后真是两得其利。我饭吃得很好。吃过了饭,我把前舱缝缝罅罅用纸张布片塞好,再把后舱用被单张开,当成幔子一挂,且用小刀将各个通风处皆用布片去扎好,结果我便有了间"单独卧房"了。

你只瞧我这信上的字写得如何整齐,就可知船上做事如何方便了。我这时倚在枕头旁告你一切,一面写字,一面听到小表嘀嘀哒哒,且听到隔船有人说话,岸上则有狗叫着。我心中很快乐,因为我能够安静同你来说话!

说到"快乐"时我又有点不足了,因为一切纵妙不可言,缺少个你,还不成的!我要你,要你同我两人来到这小船上,才有意思!

我感觉得到,我的船是在轻轻的,轻轻的在摇动。这正同摇篮一样,把人摇得安眠,梦也十分和平。我不想就睡。我应当痴痴的坐在这小船舱中,且温习你给我的一切好处。三三,这时节还只七点三十分,说不定你们还刚吃饭!

我除了夸奖这条河水以外真似乎无话可说了。你来吧,梦里尽管来吧！我先不是说冷吗？放心，我不冷的。我把那头用布拦好后，已很暖和了。这种房子真是理想的房子，这种空气真是标准空气。可惜得很，你不来同我在一处！

我想睡到来想你，故写完这张纸后就不再写了。我相信你从这纸上也可以听到一种摇橹人歌声的，因为这张纸差不多浸透了好听的歌声！

你不要为我难过，我在路上除了想你以外，别的事皆不难过的。我们既然离开了，我这点难过处实在是应当的，不足怜悯的。

            二哥
          一月十三下八时

水 手 们

——三三专利读物

天气真冷。昨晚船歇到曾家河,睡得不好,醒了许多次,全是冷醒的。醒了以后就有许久不能再睡去,常常擦自来火看小表的时间。皮袍子全搭到上面还不济事,我悔当时不肯带褥子来。

睡不着时我就心想:若落点雪多好。照南方规矩,天太冷了必落雪,一落了雪天就暖和了。天亮时船篷沙沙的响,有人说"落了雪",我忘了天气,只描摹那雪景。到后天已大亮时,看看雪已落了很多,气候既不转好,各个船又不能开动,你想,半路上停顿下来多急人。这样蹲下去两头无着,我是受不了的。我的船既是包定的,我的日子又有限度,不开船可不行!故我为他们称几斤鱼,这几斤鱼把船弄活动了,这时节的船,已离开原泊地方二十多里了。天气还是极冷,船仍然在用篙桨前进,两岸全是白色,河水清明如玉。一切都好得很!我要你!倘若两个人在这小船上,就一切全不怕了。想到南方天气已那么冷,北方还不知冻到什么样子。我恐怕你寂寞得很,又怕你被人麻烦,被事麻烦,我因此事也做不下去。

这船今天能歇到什么地方,我不明白,船上人也不明白。这时已十二点钟,两岸有鸡叫,有狗叫,有人吵骂声音,我算算你们应在桌边吃午饭了。我估计你们也正想到我。我心里很烦乱……

今天太冷,我的画也不能着手了。我只坐在被盖里,把纸本子搁在膝上写信,但一面写字一面就不快乐。我忙着到家,也忙着回转北京,但是天知道,这小船走得却如何慢!天气既那么冷,还得使三个划船人在水里风里把船弄上去,心中又不安。使他们高兴倒容易,晚上各人多吃半斤肉,这船就可以在水面上飞。可是我自己,却应当怎么办?三三,我自己真不知道如何办。做了点文章,又做不下去。校改了自己的书一遍,又觉得书也写得平平常常,不足注意。看看四丫头的相同你的相,就想起为四丫头改的文章,还无完成的希望,不知远处有个候补作家,正在如何怨我。照照镜子,镜中的我可瘦得怕人。当真的,人这样瘦,见了家中人又怎么办?我实在希望我回到家中时较肥一点,但天气那么坏,船那么慢,你隔得我又那么远,我有什么办法可以胖些?这么走路上可能要廿多天!

我心里有点着急。但是莫因我的着急便难过。在船上的一个,是应当受点罪,请把好处留给我回来,把眼泪与一切埋怨皆留到我回来再给我,现在还是好好的做事,好好的过日子吧。

我想我的信一定到得不大有秩序,我还担心有些信你收不到。因为在平汉车上发的六七封信,差不多全是交托车站上巡警发的,那些巡警即或不至于把信失掉,也许一搁在袋子里就是两天,保不定长沙的信到时,河南的信反而不到!

我又听到摇橹人歌声了,好听得很。但越好听也就越觉得船上没有你真无意思……

三三,我今天离开你一个礼拜了。日子在旅行人看来真不快,因为这一礼拜来,我不为车子所苦,不为寒冷所苦,不为饮食马虎所苦,可是想你可太苦了。

路上的鱼很好,大而活鲜鲜的鱼,一毛二分钱一斤,用白水煮熟实在好吃得很。这河里原本出好鱼,最好的是青鱼,鲜得如海味,你不吃过也就想不到那个好处。

船停了,真静。一切声音皆像冷得凝固了,只有船底的水声,轻轻的轻轻的流过去。这声音使人感觉到它,几乎不是耳朵,却只是想象。但当真却有声音。水手在烤火,在默默的烤火。

说到水手,真有话说了。三个水手有两个每说一句话中必有个野话字眼儿在前面或后面,我一天来已跟他们学会三十句野话。他们说野话同使用符号一样,前后皆很讲究。倘若不用,那么所说正文也就模糊不清了。我很希奇,不明白他们从什么方面学来这种野话。

船又开了,为了开船,这船上舵手同水手谈论天气,我试计算计算,十九句话中就说了十七个坏字眼儿。仿佛一世的怨愤,皆得从这些野话上发泄,方不至于生病似的。说到他们的怨愤,我又想到这些人的生活来了。我这次坐这小船,说定了十五块钱到地。吃白饭则一千文一天,合一角四分。大约七天方可到地,船上共用三人,除掉舵手给另一岸上船主租钱五元外,其余轮派到水手的,至多不过两块钱。即作为两块钱,则每天仅两毛多一点点。像这样大雪天气,两毛钱就得要人家从天亮拉起一直到天黑,遇应当下水时便即刻下水,你想,多不公平的事!但这样船夫在这条河里至少就有卅万,全是在能够用力时把力气卖给人,到老了就死掉的。他们的希望只是多吃一碗饭,多吃一片肉,拢岸时得了钱,就拿去花到吊脚楼上女人身上去,一回两回,钱完事了,船又应当下行了。天气虽有冷热,这些人生活却永远是一样的。他们也不高兴,为了船搁浅,为了太冷太热,为了租船人太苛刻。他们也常大笑大乐,为了顺风扯篷,为了吃酒吃肉,为了说点粗糙的关于女人的故事。他们也是个人,但与我们都市上的所谓"人"却相离多远!一看到这些人说话,一同到这些人接近,就使我想起一件事情,我想好好的来写他们一次。我相信若我动手来写,一定写得很好。但我总还嫌力量不及,因为本来这些人就太大了。三三,这些船夫你若见到时,一定也会发生兴味的。船夫分许多种,最活泼有趣勇敢耐劳的为麻阳籍水手,大多数皆会唱会闹,做事一股劲儿,带点憨气,且野得很可爱。麻阳人划船成为专业,一条辰河至少就应当有廿万麻阳船夫。这些人的好处简直不是一个人用口说得尽的,你若来,你只需用眼睛一看就相信我的话了。我过一阵下行,就想搭麻阳船。

三三,你若坐了一次这样小船,文章也一定可以写得好多了。因为船上你就可以学许多,水上你也可以学许多,两岸你还可以学许多!

我回来时当为你照些水手相来,还为你照个住吊脚楼的青年乡下妓女相来(只怕片子太少,到了城中就完事了)。这些人都可爱得很,你一定欢喜他们。

我颈脖也写木了,位置不对,我歇歇,晚上在蜡烛下再告你些。

二哥
十四下午一点

泊兴隆街

船停到一个地方,名"兴隆街",高山积雪同远村相映照,真是空前的奇观。我想拿了相匣子上去照一个相,却因为毛毛雨落个不停,只好不上岸了。这时还只三点四十分,一时不及断黑,雪不落却落小雨。我冷得很,但手并不木僵。南方的冷与北方不同,南方的冷是湿的,有点讨厌的。穿衣多也无用处。烤火也无用处。

我们的小船因为煮饭吃,弄得满船全是烟子,我担心我的眼睛会为烟子熏坏。如今便是在烟里写这个信的。一面写信,一面依然可以听麻阳人船上的橹歌。船走得太慢,这日子可不好过。上面的人不把日子当数,行船人尤其不明白日子的意义。天气既那么冷,我也不好说话。但多捱一天,在上面住的日子就扣去一天,你说,我多难受。

我还得告你,今天是我的生日!这个生日可过得妙,坐在一只小船上来想念你们,你们若算着日子,也一定想得起今天是我生日!我想同你说话,却办不到,我想同大家笑笑,也办不到。我只有同水手谈话,问长问短,弄得他们哈哈大笑。我还为他们称三斤肉吃。但他们全不知道我如何发急,如何想我的行程。我还想自己照个小相,也无法照。我不知道怎么办就好一点。实在不知道怎么办。

三三,你只看我信写得如何乱,你就会明白我的心如何乱了。我不想写什么,不想说什么。我手冷得很,得你用手来捏才好……这长长的日子,真不好对付!我书又太带少了,画画的纸又不合用,天气又坏,要照相不便照相。我只好躲在舱中,把纸按在膝上,来为你写信。三三,我现在方知道分离可不是年青人的好玩艺儿。当时我们弄错了,其实要来便得全来,要不来就全不来。你只瞧,如今还只是四分之一的别离,已经当不住了,还有廿天,这廿天怎么办?!

十四下　四点三十分

河街想象

三三，

我的心不安定，故想照我预定计划把信写得好些也办不到。若是我们两个人同在这样一只小船上，我一定可以作许多好诗了。

我们的小船已停泊在两只船旁边，上个小石滩就是我最欢喜的吊脚楼河街了。可惜雨还不停，我也就无法上街玩玩了。但这种河街我却能想象得出。有屠户，有油盐店，还有妇人提起烘笼烤手，见生人上街就悄悄说话。街上出钱纸，就是用作烧化的，这种纸既出在这地方，卖纸铺子也一定很多。街上还有个小衙门，插了白旗，署明保卫团第几队，作团总的必定是个穿青羽绫马褂的人。这种河街我见得太多了，它告我许多知识，我大部提到水上的文章，是从河街认识人物的。我爱这种地方、这些人物。他们生活的单纯，使我永远有点忧郁。我同他们那么"熟"——一个中国人对他们发生特别兴味，我以为我可以算第一位！但同时我又与他们那么"陌生"，永远无法同他们过日子，真古怪！我多爱他们，五四以来用他们作对象我还是唯一的一人！

我泊船的上面就恰恰是《柏子》文章上提到的东西，我还可以看到那些大脚妇人从窗口喊船上人。我猜想得出她们如何过日子,我猜得毫不错误。

四点

我吃过晚饭了,豆腐干炒肉,腊肝,吃完事后,又煮两个鸡蛋。我不敢多吃饭,因为饭太硬了些,不能消化。我担心在船上拖瘦,回到家里不好看,但照这样下去却非瘦不可的。我想喝点汤就办不到。想吃点青菜也办不到。想弄点甜东西也办不到。水果中在常德时我买得有梨子同金钱橘,但无用处,这些东西皆不宜于冬天在船上吃……如今既无热水瓶,又无点心,可真只有硬捱了。

又听到极好的歌声了,真美。这次是小孩子带头的,特别娇,特别美。你若听到,一辈子也忘不了的。简直是诗。简直是最悦耳的音乐。二哥蠢人,可惜画不出也写不出。

三三,在这条河上最多的是歌声,麻阳人好像完全是吃歌声长大的。我希望下行时坐的是一条较大的船,在船上可以把这歌学会。

十四日下五点十分

忆麻阳船

天气还早得很,水手就泊了船,水面歌声虽美丽得很,我可不能尽听点歌声就不寂寞!我心中不自在。我想来好好的报告一些消息。从第一页起,你一定还可以收到这种通信四十页。

这时节正是五点廿五分,先前摇橹唱歌的那只大船已泊近了我的船边,只听到许多人骂野话。许多篙子钉在浅水石头上的声音,且有人大嚷大骂。三三,你以为这是"吵架",是不是?你错了。别担心,他们不过是在那里"说话"罢了。他们说话就永远得用个粗野字眼儿,遇要紧事情时,还得在每句话前后皆用野话相衬,事情方做得顺手。这种字眼儿的运用,父子中间也免不了。你不要以为这就是野人。他们骂野话,可不做野事。人正派得很!船上规矩严,忌讳多。在船上客人夫妇间若撒了野,还得买肉酬神。水手们若想上岸撒野,也得在拢岸后的。他们过得是节欲生活,真可以说是庄严得很!

船中最美的恐怕应得数麻阳船。大麻阳船有"鳅鱼头"同"五舱子",装油两千篓,摇橹三十人,掌舵的高据后楼,下滩时真可谓堂皇之至!我就坐过这样大船一次,还有床同玻璃窗,各处皆是光溜溜的。十四年后这船还使我神往。其次是小船,就是我如今坐的"桃源划子"。但我不幸得很,遇到几个懒人。我对他们无办法。我看情形到家中必需十天,这数目加上从北平到桃源的四天,一共就是十四天,下行也许可以希望少两天,但因此一来,我至多也只能在家中住四天了。我运气坏,遇到这种小船真说不出口。看到他们早早的停泊,我竟不知怎么办。照规矩他们又可以自由停泊的,他们可以从各样事情上找机会,说出不能开动的理由。我呢,也觉得天气太冷,不忍要他们在水中受折磨。可是旁人少受些折磨,我就多受些折磨,你说我怎么办?

我先以为我是个受得了寂寞的人,现在方明白我们自从在一处后,我就变成一个不能够同你离开的人了……三三,想起你我就忍受不了目前的一切了。我真像从前等你回信,不得回信时神气。我想打东西,骂粗话,让冷风吹冻自己全身。我明白我同你离开越远也反而越相近。但不成,我得同你在一处,这心才能安静,事也才能做好!我试过如何来利用这长长的日子写篇小说,思想很乱,无论如何竟写不出什么来。

一月十四下六时

过柳林岔

十五日上午九点三十分

昨天晚上我又睡不好,不知什么原因,尽得醒。船走得太慢,使人着急。但天气那么冷,也不好意思催人下水拉船。我昨天不是说已经够冷了吗?今天还更糟!

今早开船时还只七点左右,落得是子子雪,撒在舱板上船篷上如抛豆子,篙桨把手处皆起了凌,可是船还依然得上滩。从今天为始,我这小船就时时刻刻得上滩了,大约有成百个急水滩得上。

现在已十点,我们业已吃过早饭,船又在开动了。算算日子我已离开了你八天。我的信写了一大堆,皆得到辰州付邮,我知道你着急,可是这信还仍然无法寄来。

路上过的日子,照我们动身时打算,总以为可担心处是危险。现在我方明白,路上危险倒没有,却只是寂寞。一个孤单单的人,坐在一个见方六尺的船舱里,一寸木板下就是汤汤的流水,风雪大了随时皆得泊下……我们的船太不凑巧了点,恰好就遇到这种风雪日子。

船又停了,你说急不急人。船正泊到一个泥堤下,一切声音皆没有,只有水在船底流过的声音。远处的雪一片白,天气好冷!船夫不好意思似的一面骂野话,一面跳上岸去拉纤,望到他们那个背影,我有说不出的同情,不好意思催促。

　　船开后,我坐在外面看了他们拉船半点钟。雪子落得很密。真冷。若落软雪就好了,目前可似乎还不能落那种雪。照这样走去,也许从桃源到浦市这一段路,将超过七天,可能要十天以上。这预算一超过,我回北平的日子也一定得延长了。我的急与你们的盼望,同样是不能把这路程缩短的。路太长了。

　　你得好好的做事,不要为我着急,不要为我担忧。我算定这信到你身边时,至迟十来天也就可以回到北平了。这信到辰州方能发出,辰州上浦市两天,浦市过家乡还得坐轿子两天,我在家蹲三天四天,下来有十一天可到北平,故总拢来算算,减去这信在路上的日子,这信到你手边十天后,我也一定可以到北平的。应当这么估计。

　　冷得很,我手也木了,等等再写。

十五日十一点十五分

　　三三,我们的船挂了篷,人不必上岸拉,不必用手摇结冰的篙桨,自动的在水面跑了。走得很快,很稳。水手便在火灶旁说笑话。我听他们说了半点钟。

　　现在还是用帆,风大了些,船也斜斜的。你若到这里来一定怕得喊叫,因为船在水面全是斜的,船边贴水不到一寸。但放心,这船是不作兴入水的。这小船好处在此,上下行全无危险。分量轻,码子小,吃水浅,因此来去自如。我嫌帆小了些,故只想让他们把被单也加上去。但办不到,因为天气太冷了,做什么皆极其费事的。现在还大落子子雪,同雨一样,比雨讨嫌。船上一切皆起了一层薄薄的冰,哑哑的返着薄光。两个水手在灶边烤火,一个舵手就在后梢管绳子同舵把。风景美得很,若人不忙,还带了些酒来,想充雅人,在这船上一定还可作诗的。但我实在无雅兴。我只想着早到早离开。

我苹果还剩八个,这就是说我只吃了两个,送了别人两个,其余还好好的保留下来,预备送家中人吃。九九那个大的也还好好的在箱子里。我们忘了带点甜东西了,实在应当带些饼干,方能把这日子一部分用牙齿嚼掉。船上冬天最需要的恐怕便是饼干,水果全不想吃。我很想得点稀饭吃,因为不方便也就不要求水手做了。

十二点

这时船已到了柳林岔,多美丽!地方出金子,冬天也有人在水中淘金子!我生平还是第一次看到这样好看地方的。气派大方而又秀丽,真是个怪地方。千家积雪,高山皆作紫色,疏林绵延三四里,林中皆是人家的白屋顶。我船便在这种景致中,快快的在水面上跑。我为了看山看水,也忘掉了手冷身上冷了。什么唐人宋人画都赶不上。看一年也不会讨厌。船就要上滩了,我等等再写。这信让四丫头先看,因为她看了才会把她的送你看。

二哥
十五下二时半

泊缆子湾

十五日下午七点十分

我的小船已泊定了。地方名"缆子湾",专卖缆子的地方。两山翠碧,全是竹子。两岸高处皆有吊脚楼人家,美丽到使我发呆。并加上远处叠嶂,烟云包裹,这地方真使我得到不少灵感!我平常最会想象好景致,且会描写好景致,但对于当前的一切,却只能做呆二了。一千种宋元人作桃源图也比不上。

我已把晚饭吃过了,吃了一碗饭,三个鸡子,一碗米汤,一段腊肝。吃得很舒服,因此写信时也从容了些。下午我为四丫头写了个信。我现在点了两支蜡烛为你写信,光抖抖的,好像知道我要写些什么话,有点害羞的神气。我写的是……别说了,我不害羞烛光可害羞!

三三,你看了我很多的信了,应当看得出我每个信的心情。我有时写得很乱,也就是心正很乱。譬如现在呢,我心静静的,信也当静静的写下去。吃饭以前我校过几篇《月下小景》,细细的看,方知道原来我文章写得那么细。这些文章有些方面真是旁人不容易写到的。我真为我自己的能力着了惊。但倘若这认识并非过分的骄傲,我将说这能力并非什么天才,却是耐心。我把它写得比别人认真,因此也就比别人好些的。我轻视天才,却愿意人明白我在写作方面是个如何用功的人。

我还在打量,看如何一来方把我发展完全,不至于把力量糟蹋到其他小事上去。同时还有你,你若用心些,你的成就同我将是一样的。我希望你比我还好,你做得到。一定做得到。我心太杂乱,只有写作能消耗掉。你单纯统一。比我强。

你接到这信时,一定先六七天就接到了我的电报。我的电一定将使你为难。我知道家中并无什么钱。上海那百块钱纵来了,家中这个月就处处要钱用。你一定又得为我借债,一定又得出面借债!想起这些事我很不安。我记起了你给我那两百块钱,钱被九九拿去做学费了,你却两手空空的在青岛同我蹲下去。结婚时又用了你那么多钱。我们两人本来不应当分什么了的。但想起用了那么多钱,三三到冬天来还得穿那件到人家吃茶时不敢脱下的大衣,你想,我怎么好过。三三,我这时还想起许多次得罪你的地方,我眼睛是湿的,模糊了的。我觉得很对不起你。我的人,倘若这时节我在你身边,你会明白我如何爱你!想起你种种好处,我自己便软弱了。我先前不是说过吗:"你生了我的气时,我便特别知道我如何爱你。"现在你并不生我的气,现在你一定也正想着远远的一个人。我眼泪湿湿的想着你一切的过去!

三三,我想起你中公①时的一切,我记起我当年的梦,但我料不到的是三三会那么爱我!让我们两个人永远那么要好吧。我回来时,再不会使你生气面壁了。我在船上学得了反省,认清楚了自己种种的错处。只有你,方那么懂我并且原谅我。

我因为冷得很,已把被盖改变了一下,果然暖多了。我已不什

---

① 指上海中国公学。

么冷了,睡觉时把衣脱去,一定更暖和了。我们的船傍着一大堆船停泊的,隔船有念书的,唱戏的,说笑话的。我船上水手,则卧在外舱吃鸦片烟,一面吃烟还是一面骂野话。船轻轻的摇摆着,烛光一跳一跳,我猜想你们也正把晚饭吃过为我算着日子。

我一哭了,便心中十分温柔。

我还有五天在这小船上,至少得四天。明天我预备做事了。

我希望到了家中,就可看到我那篇论海派的文章,因为这是你编的……我盼望梦里见你的微笑。

十五下

三三,船旁拢了一只麻阳船,一个人在用我那地方口音说话,我真想喊他一声!

还有更动人的是另一个人正在唱"高腔",声音韵极了。动人得很!

你以为我舱里乱七八糟是不是?我不许你那么猜。正相反,我的舱中太干净了,一切皆放光,一切并且极有秩序,是小船上规矩!明天若有太阳,我当为这小舱照个相寄给你。照片因天气不好,还不开始用它。只是今天到柳林岔时,景致太美,便不问光线如何在船头照了一张……

我听到隔船那同乡"果囊","果条伢哉","果才蠢喃",我真想问问他是"哪那的"①人。三三,乡音还不动人,还有小孩的哭声,这小孩子一定也是"果囊"人的。哭的声音也有地方性,有强烈个性!

---

① 片段凤凰话,意思是:那里,那个孩子,这真蠢,哪里的。

今天只写两张

十六日上午九点

现在已九点钟,小船还不开动,大雪遮盖了一切,连接了天地。我刚吃过饭。我有点着急,但也明白空着急毫无益处。晚上又睡不好。同你离开后就简直不能得到一个夜晚的安睡。但并不妨事,精神可很好。七点左右我就起来看自己的书,校正了些错字,且反复检查了一会。《月下小景》不坏,用字顶得体,发展也好,铺叙也好。尤其是对话。人那么聪明!二十多岁写的。这文章的写成,同《龙朱》一样,全因为有你!写《龙朱》时因为要爱一个人,却无机会来爱,那作品中的女人便是我理想中的爱人。写《月下小景》时,你却在我身边了。前一篇男子聪明点,后一篇女子聪明点。我有了你,我相信这一生还会写得出许多更好的文章!有了爱,有了幸福,分给别人些爱与幸福,便自然而然会写得出好文章的。对于这些文章我不觉得骄傲,因为等于全是你的。没有你,也就没有这些文章了。而且是习作,时间还多呐。

我今天想做点事,写两篇短论文,好在辰州时付邮。故只预备为你写两张信。我的小船已开动了,看情形,到家中至少还得七天。我发现所带的信纸太少了,在路上就会完事,到家后不知用什么来写信。我忘了告你把信寄存到辰州邮局的办法了,若早记着这一种办法,则我船到辰州时,可看到你几封信,从家中回辰时,又可接到你一大批信了。多有你些信,我在路上也一定好过些。

我真希望你梦里来找寻我,沿河找那黄色小船!在一万只船中找那一只。好像路太远了点,梦也不来。我半夜总为怕人的梦惊醒,心神不安,不知吃什么就好些。我已买了一顶绒帽,同我两人在前门大街看到的一样,花去了四角钱。还不能得一双棉鞋,就因为桃源地方各处便买不出棉鞋。我也许到辰州便坐轿子回去,因为轿子到底快一些。坐轿人可苦一点,然而只要早到早回,苦点也不在乎了。天气太冷,空气也仿佛就要结冰的样子。乡村有鸡叫,鸡声也似乎寒冷得很。来得不凑巧,想不到南方的冷比北方还坏些。

又有了橹歌。简直是诗!在这些歌声中我的心皆发抖,它好像在为我唱的,为爱而唱的。事实上是为了劳动而自得其乐唱的。下水船摇橹不费事!

船坐久了心也转安静,但我还是受不了的。每一桨下去,我皆希望它去得远一点,每一篙撑去,我皆希望它走得快一点。但一切无办法。水太急了,天气又太冷。

今天小船还得上一个大滩,也许我就得上岸走路。这滩上照例有若干大船破碎不完的搁在浅水中,照例每天有船坏事。你可放心,这全是大船出的乱子,小船分量轻,面积小,还无资格搁在那地方!并且上水从河边走,更无所谓危险。这信到你手边时,过三四天我一定又坐着这样小船在下滩了。那滩名"青浪滩",问九九,九九知道。滩长廿五里,不到十分钟可以下完。至于上去,可就麻烦了,有时一整天。大船上去得一整天,小船则两三个钟头够了。天气好些,我当照个相,送给你领略一下,将来上行时有个分寸。四丫头一定不怕这种滩水,因为她的大相在旅行中还是笑眯眯的。

我小船已上一小滩了,水吼得吓人,浪打船边舱板很重。我不怕,我不怕。有了你在我心上,我不拘做什么皆不吓怕了。你还料不到你给了我多少力气和多少勇气。同时你这个人也还不很知道我如何爱你的。想到这里我有点小小不平。

我今天恐不能为你作画了,我手冻得发麻,画画得出舱外风中去,更容易把手冻僵,故今天不拿铅笔。山同水越到上面也越好,同时也似乎因为太奇太好,更不能画它了。你若见到了这里的山,你就会觉得劳山那些地方建筑房子太可笑了。也亏山东人好意思,把那些地方也当成好风景,而且作为修仙学道的地方。真亏他们。你明年若可以离开北平了,我们两人无论如何上来一趟,到辰州家中住一阵,看看这里不称为风景的山水,好到什么样子。我还希望你有机会同我到凤凰住住,你看那些有声有色的苗人如何过日子!

三三,我的小船快走到妙不可言的地方了,名字叫"鸭窠围",全河是大石头,水却平平的,深不可测。石头上全是细草,绿得如翠玉,上面盖了雪。船正在这左右是石头的河中行走。"小阜平冈",我想起这四个字。这里的小阜平冈多着……

二哥
一月十六十点①

---

① 原信旁注:"共四十里廿分钟直下,好险!"

第三张……

十六日十一点

我不是说今天只预备写两页信吗,这不成的。两岸雀鸟叫得动人得很,我学它们叫,文章也写不下去了。现在我已学会了一种曲子,我只想在你面前来装成一只小鸟,请你听我叫一会子。南边与北方不同的地方也就在此,南方冬天也有莺,画眉,百舌。水边大石上,只要天气好,每早就有这些快乐的鸟,据在上面晒太阳,很自得的哧着喉咙。人来了,船来了,它便飞入岸边竹林里去。过一会,又在竹林里叫起来了。从河中还常常可以看到岸上有黄山羊跑着,向林木深处窜去。这些东西同上海法国公园养的小獐一个样子,同样的色泽,同样的美而静,不过黄羊胖一点点罢了。

你还记得在劳山时看人死亡报庙时情形没有?一定还好好记得。我为那些印象总弄得心软软的。那真使人动心,那些吹唢呐的,打旗帜的,带孝的,看热闹的,以至于那个小庙,使人皆不容易忘掉。但你若到我们这里来,则无事不使你发生这种动人的印象。小地方的光、色、习惯、观念,人的好处同坏处,凡接触到它时,无一不使你十分感动。便是那点愚蠢,狡滑,也仿佛使你城市中人非原谅他们不可。不是有人常常问到我们如何就会写小说吗?倘若许我真真实实的来答复,我真想说:"你到湘西去旅行一年就好了。"

但这句话除了你恐怕无人相信得过。

你这人好像是天生就要我写信似的。见及你,在你面前时,我不知为什么就总得逗你面壁使你走开,非得写信赔礼赔罪不可。同你一离开,那就更非时时刻刻写信不可了。倘若我们就是那么分开了三年两年,我们的信一定可以有一箱子了。我总好像要同你说话,又永远说不完事。在你身边时,我明白口并不完全是说话的东西,故还有时默默的。但一离开,这只手除了为你写信,别的事便无论如何也做不好了。可是你呢?我还不曾得到你一个把心上挖出来的信。我猜想你寄到家中的信,也一定因为怕家中人见到,话说得不真。若当真为了这样小心,我见到那些信也看得出你信上不说,另外要说的话。三三,想起我们那么好,我真得轻轻的叹息,我幸福得很,有了你,我什么都不缺少了。

二哥
十六午前十一点廿分

过梢子铺长潭

十六下二点零五分

船已上了第一个大滩,你见了那滩会不敢睁眼睛。我在急流中画了三幅画,照了三个相。光线不好,恐怕照不出什么。至于画的画,不过得其仿佛罢了。现在船已到长潭中了,地方名"梢子铺"。泊了许多不敢下行的大船,吊脚楼整齐得稀有少见,全同飞阁一样,去水全在三十丈以上,但夏天发水时,这些吊脚楼一定就可以泊船了。你见到这些地方时,你真缺少赞美的言语。还有木筏,上面种青菜的东西,多美!

一到下午我就有点寂寞,做什么事皆不得法,我做了阵文章,没有意思,又不再继续了。我只是欢喜为你写信,我真是这样一个没出息的人……

我前面有木筏下来了,八个人扳桡,还有个小孩子。上面一些还有四个筏,皆慢慢的在下行,每个筏上四围皆有人扳桡。你想明白桡是什么,问问九妹,她说的必比我形容的还清楚。这些木筏古怪得有趣,上面有菜,有猪羊,还有特别弄来在筏上供老板取乐的。你若不见过,你不能想象它们如何好看,好玩!

我们的船既上了滩,在潭中把风篷扯满,现在正走得飞快,不要划它。水手们皆蹲在火边去了,我却推开了前舱门看景致,一面看一面伏在箱上为你写信。现在船虽在潭中走,四面却全是高山,同湖泊一样。这小船一直上去皆那么样,远山包了近山,水在山弯里找出路,一个陌生人见到,也许还以为在湖里玩的。可以说像湖里,水却不是玩的。山的倾斜度过大,面积过窄,水流太速,虽是在潭中,你见了也会头晕的。

…………

我的船又在上小滩了,滩不大,浪也不会到船上来,我还依然能够为你写信……路上并无收信处,我已积存了七封信,到辰州时一定共有十封信发出。我预备一大堆放在一个封套中当快信发出。

我的小船不是在小滩上吗,差一点出了事了。船掉头向下溜去,倒并无什么危险,只是多费水手些力罢了。便因为这样,前后的水手就互相骂了六七十句野话。船上骂野话不作兴生气,这很有意思。并且他们那么天真烂熳的骂,也无什么猥亵处,真是古怪的事。

这船上主要的水手有三块四毛钱一趟的薪水,每月可划船两趟。另一学习水手八十吊钱一年,也可以说一块钱一个月,事还做得很好。掌舵的从别处租船来划,每年出钱两百吊,或百二十吊,约合卅块钱到二十四块钱。每次他可得十五元运费,带米一两石又可赚两元,每次他大约除开销外剩五元,每月可余十来块钱。但这人每天得吃三百钱烟,因此驾船几十年,讨个老婆无办法,买条值洋三十元的小船也无办法。想想他们那种生活,真近于一种奇迹!

我这信写了将近一点钟了,我想歇歇,又不愿歇歇。我的小船正靠近一只柴船,我看到一个人穿青羽绫马褂在后梢砍柴,我看准了他是个船主。我且想象得出他如何过日子,因为这人一看(从船的形体也可看出)是麻阳人,麻阳人的家庭组织生活观念,我说起来似乎比他们自己还熟习一点。麻阳人不讨嫌,勇敢直爽耐劳皆像个人也配说是个人。这河里划船的麻阳人顶多,弄大船,装油几千篓,尤其非他们不可。可是船多货少,因此这些船全泊在大码头上放空,每年不过一回把生意,谁想要有那么一只船,随时皆可以买到的。许多船主前几年弄船发了财的,近几年皆赔了本。想支持下去,自己就得兼带做点生意,但一切生意皆有机会赔本,近些日子连做鸦片烟生意的也无利可图,因此多数水面上人生活皆很悲惨,并无多少兴致。这种现象只有一天比一天坏,故地方经济真很使人担心。若照这样下去,这些人过一阵便会得到一个更悲惨的境遇的。我还记得十年前这河里的情形,比现在似乎是热闹不少的。

今天也许因为冷些,河中上行的船好像就只我的小船,一只小到不过三丈的船,在那么一条河中走动,船也真有点寂寞之感!我们先计划四天到辰州,失败了,又计划五天到辰州,又失败了。现在看情形也许六天,或七八天方可到辰州了……我想起真难受。

二哥
十六三点廿五

夜泊鸭窠围

十六日下午六点五十分

我小船停了,停到鸭窠围。中时候写信提到的"小阜平冈"应当名为"洞庭溪"。鸭窠围是个深潭,两山翠色逼人,恰如我写到翠翠的家乡。吊脚楼尤其使人惊讶,高矗两岸,真是奇迹。两山深翠,惟吊脚楼屋瓦为白色,河中长潭则湾泊木筏廿来个,颜色浅黄。地方有小羊叫,有妇女锐声喊"二老","小牛子",且听到远处有鞭炮声,与小锣声。到这样地方,使人太感动了。四丫头若见到一次,一生也忘不了。你若见到一次,你饭也不想吃了。

我这时已吃过了晚饭,点了两支蜡烛给你写报告。我吃了太多的鱼肉。还不停泊时,我们买鱼,九角钱买了一尾重六斤十两的鱼,还是顶小的!样子同飞艇一样,煮了四分之一,我又吃四分之一的四分之一,已吃得饱饱的了。我生平还不曾吃过那么新鲜那么嫩的鱼,我并且第一次把鱼吃个饱。味道比鲫鱼还美,比豆腐还嫩,古怪的东西!我似乎吃得太多了点,还不知道怎么办。

可惜天气太冷了,船停泊时我总无法上岸去看看。我欢喜那些在半天上的楼房。这里木料不值钱,水涨落时距离又太大,故楼房无不离岸卅丈以上,从河边望去,使人神往之至。我还听到了唱小曲声音,我估计得出,那些声音同灯光所在处,不是木筏上的簰头在取乐,就是有副爷们船主在喝酒。妇人手上必定还戴得有镀金戒子。多动人的画图!提到这些时我是很忧郁的,因为我认识他们的哀乐,看他们也依然在那里把每个日子打发下去,我不知道怎么样总有点忧郁。正同读一篇描写西伯利亚方面农人的作品一样,看到那些文章,使人引起无言的哀戚。我如今不止看到这些人生活的表面,还用过去一分经验接触这种人的灵魂。真是可哀的事!我想我写到这些人生活的作品,还应当更多一些!我这次旅行,所得的很不少。从这次旅行上,我一定还可以写出很多动人的文章!

三三,木筏上火光真不可不看。这里河面已不很宽,加之两面山岸很高(比劳山高得远),夜又静了,说话皆可听到。羊还在叫。我不知怎么的,心这时特别柔和。我悲伤得很。远处狗又在叫了,且有人说"再来,过了年再来!"一定是在送客,一定是那些吊脚楼人家送水手下河。

风大得很,我手脚皆冷透了,我的心却很暖和。但我不明白为什么原因,心里总柔软得很。我要傍近你,方不至于难过。我仿佛还是十多年前的我,孤孤单单,一身以外别无长物,搭坐一只装载军服的船只上行,对于自己前途毫无把握,我希望的只是一个四元一月的录事职务,但别人不让我有这种机会。我想看点书,身边无一本书。想上岸,又无一个钱。到了岸必须上岸去玩玩时,就只好穿了别人的军服,空手上岸去,看看街上一切,欣赏一下那些小街上的片糖,以及一个铜元一大堆的花生。灯光下坐着扯得眉毛极细的妇人。回船时,就糊糊涂涂在岸边烂泥里乱走,且沿了别人的船边"阳桥"渡过自己船上去,两脚全是泥,刚一落舱还不及脱鞋,就被船主大喊:"伙计副爷们,脱鞋呀。"到了船上后,无事可做,夜又太长,水手们爱玩牌的,皆蹲坐在舱板上小油灯下玩牌,便也镶拢去看他们。这就是我,这就是我!三三,一个人一生最美丽的日子,十五岁到廿岁,便恰好全是在那么情形中过去了,你想想看,是怎么活下来的!万想不到的是,今天我又居然到这条河里,这样小船上,来回想温习一切的过去!更想不到的是我今天却在这样小船上,想着远远的一个温和美丽的脸儿,且这个黑脸的人儿,在另一处又如何悬念着我!我的命运真太可玩味了。

我问过了划船的,若顺风,明天我们可以到辰州了。我希望顺风。船若到得早,我就当晚在辰州把应做的事做完,后天就可以再坐船上行。我还得到辰州问问,是不是云六①已下了辰。若他在辰州,我上行也方便多了。

现在已八点半了,各处还可听到人说话,这河中好像热闹得很。我还听到远远的有鼓声,也许是人还愿。风很猛,船中也冰冷的。但一个人心中倘若有个爱人,心中暖得很,全身就冻得结冰也不碍事的!这风吹得厉害,明天恐要大雪。羊还在叫,我觉得希奇,好好的一听,原来对河也有一只羊叫着,它们是相互应和叫着的。我还听到唱曲子的声音,一个年纪极轻的女子喉咙,使我感动得很。我极力想去听明白那个曲子,却始终听不明白。我懂许多曲子。想起这些人的哀乐,我有点忧郁。因这曲子我还记起了我独自到锦州,住在一个旅馆中的情形,在那旅馆中我听到一个女人唱大鼓书,给赶骡车的客人过夜,唱了半夜。我一个人便躺在一个大炕上听窗外唱曲子的声音,同别人笑语声。这也是二哥!那时

---

① 即作者的大哥沈云六。

节你大概在暨南①读书,每天早上还得起床来做晨操! 命运真使人惘然。爱我,因为只有你使我能够快乐!

二哥

我想睡了。希望你也睡得好。

十六下八点五十

---

① 这里指暨南大学女子部(中学),校址在南京。

第八张……

十六日下午九时

我把船舱各处透风地方皆用围巾、手巾、书本、长衫塞好后,应当躺到冷被中睡觉了,一时却不想睡。与其冷冰的躺在舱板上听水声,不如拥被坐着,借烛光为你写信较好。我今天快写到八张了,白日里还只说预备写两张。倘若这是罪过,这罪过应各个人负一半责……

今夜里风特别大了些,一个人坐在舱里,对着微抖的烛光,作着客中怀人的神气,也有个味儿。我在为你计算,这时你同九妹也许还在炉边同张大姐谈话……也许在估计我的行程,猜想我在小船上的生活,但你绝想不到我现在还正在为你写信!我希望你记得有日记,因为记下了些你的事情,到我回来时,我们就可以对照,看同一天你做了些什么,想了些什么,我又做了些什么,想到些什么……

现在河中还有人说话,还可隐约听到远处的鼓声,我寂寞得很。这里水没有声音,但船的摇荡却可以从感觉中明白。有时这小船还忽然一搁,也许是大鱼头碰着船底的。我相信船边一定有鱼,因为吃晚饭时我倒了些残饭到水中,这时就听得明明白白,水中有种声音。

鸭窠围的梦

十七日上六点十分

五点半我又醒了,为恶梦吓醒的。醒来听听各处,世界那么静。回味梦中一切,又想到许多别的问题。山鸡叫了,真所谓百感交集。我已经不想再睡了。你这时说不定也快醒了!你若照你个人独居的习惯,这时应当已经起了床的。

我先是梦到在书房看一本新来的杂志,上面有些希奇古怪的文章,后来我们订婚请客了,在一个花园中请了十个人,媒人却姓曾。一个同小五哥年龄相仿佛的中学生,但又同我是老同学。酒席摆在一个人家的花园里,且在大梅花树下面。来客整整坐了十位,只其中曾姓小孩子不来,我便去找寻他,到处找不着,再赶回来时客全跑了,只剩下些粗人,桌上也只放下两样吃的菜。我问这是怎么回事,方知道他们等客不来,各人皆生气散了。我就赶快到处去找你,却找不到。再过一阵,我又似乎到了我们现在的家中房里,门皆关着,院子外有狮子一只咆哮,我真着急。想出去不成,想别的方法通知一下你们也不成。这狮子可是我们家养的东西,不久张大姐(她年纪似乎只十四岁)拿生肉来喂狮子了,狮子把肉吃过就地翻斤斗给我们看。我同你就坐在正屋门限上看它玩一切把戏,还看得到好好的太阳影子!再过一阵我们出门野餐去了,到了个湖中央堤上,黄泥作成的堤,两人坐下看水,那狮子则在水中游泳。过不久这狮子理着项下长须,它变成了同于右任差不多的一个胡子了……

醒来只听到许多鸡叫,我方明白我还是在小船上。我希望梦到你,但同时还希望梦中的你比本来的你更温柔些。可是我成天上滩,在深山长潭里过日子,梦得你也不同了。也许是鲤鱼精来作梦,假充你到我面前吧。

这时真静,我为了这静,好像读一首怕人的诗。这真是诗。不同处就是任何好诗所引起的情绪,还不能那么动人罢了。这时心里透明的,想一切皆深入无间。我在温习你的一切。我真带点儿惊讶,当我默读到生活某一章时,我不止惊讶。我称量我的幸运,且计算它,但这无法使我弄清楚一点点。你占去了我的感情全部。为了这点幸福的自觉,我叹息了。

倘若你这时见到我,你就会明白我如何温柔!一切过去的种种,它的结局皆在把我推到你身边心上,你的一切过去也皆在把我拉近你身边心上。这真是命运。而且从二哥说来,这是如何幸运!我还要说的话不想让烛光听到,我将吹熄了这支蜡烛,在暗中向空虚去说。

二哥

鸭窠围清晨

这时已七点四十分了,天还不很亮。两山过高,故天亮较迟。船上人已起身,在烧水扫雪,且一面骂野话玩着。对于天气,含着无可奈何的诅咒。木筏正准备下行,许多从吊脚楼上妇人处寄宿的人,皆正在下河,且互相传着一种亲切的话语。许多筏上水手则各在移动木料。且听到有人锐声装女人无意思的天真烂漫的唱着,同时便有斧斤声和锤子敲木头的声音。我的小船也上了篷,着手离岸了。

昨晚天气虽很冷,我倒好。我明白冷的原因了。我把船舱通风处皆杜塞了一下,同时却穿了那件旧皮袍睡觉。半夜里手脚皆暖和得很,睡下时与起床时也很舒服方便。我小船的篷业已拉起,在潭里移动了。只听到人隔河岸"牛保,牛保,到哪囊去了?"河这边等了许久,方仿佛从吊脚楼上一个妇人被里逃出,爬在窗边答着"宋宋,宋宋,你喊那样?早咧。""早你的娘!""就算早我的娘!"最后一句话不过是我想象的,因为他已沉默了,一定又即刻回到床上去了。我还估想他上床后就会拧了一下那妇人,两人便笑着并头睡下了的。这分生活真使我感动得很。听到他们的说话,我便觉得我已经写出的太简单了。我正想回北平时用这些人作题材,写十个短篇,或我告给你,让你来写。写得好,一定是种很大的成功。这时我们的船正在上行,沿了河边走去,许多大船同木筏,昨晚停泊在上游一点的,也皆各在下行,我坐在舱中,就只听到水面人语声,以及橹桨搅水声,与橹桨本身被推动时咿咿哑哑声。这真是圣境。我出去看了一会儿,看到这船筏浮在水面,船上还扬着红红的火焰同白烟,两岸则高矗而上,如对立巨魔,颜色墨绿。不知什么地方有老鸦叫着出窠,不知什么地方有鸡叫着,且听得着岸旁有小水鸟吱吱吱吱的叫,不知它们是种什么意思,却可以猜想它们每早必这样叫一大阵。这点印象实实在在值得受份折磨得到它。

我正计算了一阵日子。我算作八号动身,应在下月七号到地见你。今天我已走了十天,至多还加个五天我必可到家。若照船上人说来,他们包我下行从浦市到桃源作三天(这一段路上行我们至少需八天),从桃源到常德一天,从常德到长沙一天,从长沙到汉口一天,汉口停一天,再从汉口到北平两天,加上从我家回到浦市两天,则路上共需十一天。共加拢来算算,则我可在家中住四天。恐怕得多住一天,则汉口我不耽搁,时间还是一样的……今天十七,我快则二十天后可以见你,慢也不过二十三天,我希望至迟莫过十号,我们可以在北平见面。我希望这次回到家中,可以把你一切好处让家中人知道,我还希望为你带些有趣味的东西,同家中人对你的好意给你。我一到家一定就有人问:"为什么不带张妹来?"我却说:"带来了,带来了。"我带来的是一个相片,我送他们相片看。事实上则我当真也把你带来了,因为你在我的心上!不过我不会把这件事告给人,我不让他们从这个事情上得到一个发笑的机会。一个人过分吝啬本不是件美德,我可不能不吝啬了。

今天风好像不很大,船会赶不到辰州。然而至多明天我总可到辰州的。我一到地就有两件事可做,第一是打电话回去,告大哥我已到了辰州，第二是打电报给你，希望你把钱寄来。我这次下行，算算有九十块钱已够了，但我希望手边却有一百廿块钱，因为也许得买点东西回北平来送人。这里许多东西皆是北平人的宝贝，正如同北平许多东西是这里宝贝一样。我动身时一定有人送我小东小西，我真盼望所有东西全是可以使你欢喜的，或转送四丫头，使四丫头惊奇的。

这时已八点四十，天还黯黯的。也许这小表被我拨快了一些，也许并不是小表的罪过。从这次上行的经验看来，不拘带什么皆不会放坏，故下行时也许还可以为你带些古怪食物！九九是多年不吃冻菌①了的，我预备为她带些冻菌。你欢喜酸的，我预备请大嫂为你炒一罐胡葱酸②。四丫头倾心苗女人，我可以为她买一块苗妇人手做的冻豆腐。时间若许我从容些，我还能同三哥到乡下去赶次场，说不定我尚可为四丫头带些狗肉来。我想带的可太多了，一个火车厢恐怕也装不下。正因为这样子，或者我一样不带。

我忘了问张大姐要些什么了。请先告她，我若到苗乡去，当为她带个苗人用的顶针或针筒来。我那里针筒皆镂花，似乎还不坏。我还听同乡说本城酱油已出名，且成为近日来运销出口的一种著名东西，下可以到长沙，上可以到川东黔省，真想不到。我无论如何总为你们带点酱油来的。

九点四十五分，我小船停泊在一个滩岨乱石间，大家从从容容吃过了早饭。又吃鱼。吃了饭后船上人还在烤烤火，我就画了一个对河的小景。对河有人家处色泽极其美丽，名为“打油溪”。还

---

① 一种野生菌子，色白，故名。

② 用野生葱做成的酸菜。

有长长的墙垣,一定就是油坊。住在这种地方不作诗却来打油,古怪透了。画刚打好稿子,船就开了。今天小船还应上两个大滩,"九溪"同"横石",这滩还不很难上,可是天气怪冷,水手真苦。说不定还得落水去拉船。近辰州时又还有个长十里的急流,无风时也很费事。今天风不好,不能把船送走,故看情形还赶不到辰州。我希望明天上半天可到,用半天日子做一切事,后天就可上行。我还希望到了辰州可以从电话中谈几句话,告他一切,也让他们放心些,不然收到了你的信后,却不见我到家,岂不希奇。

今天更冷,应当落大雪了,可是雪总落不下来。南方天气我疏远得太久了,如今看来同看一本新书一样,处处不像习惯所能忍受的样子,我若到这些地方长住下去,性格一定沉郁得很了。但一到春天,这里可太好了。就是这种天气,山中竹雀画眉依然叫得很好。一到春天,是可想而知的。

歪了一下

一月十七日上午十点卅五分

这河水可不是玩意儿。我的小船在滩上歪了那么一下,一切改了样子,船进了点水,墨水全泼尽了,书、纸本子、牙刷、手巾,全是墨水。许多待发的信封面上也全是墨水。箱子侧到一旁,一切家伙皆侧到一旁,再来一下可就要命。但很好,就只那么一次危险。很可惜的是掉了我那支笔,又泼尽了那瓶墨水,信却写不成了。现在的墨水只是一点点瓶底残余,笔却是你的自来水笔。更可惜的是还掉了一支……你猜去吧。

这是我小船第一次遇险,等等也许还得有两次这种事情,但不碍事,"吉人天相",决不会有什么大事。很讨厌的是墨水已完,纸张又湿,我的信却写不成了。我还得到辰州去补充一切,不然无法再报告你一切消息。好在残余的墨水至少总还可以够我今天用它,到了明天,我却已可以买新的墨水了。在危险中我本来还想照个相,这点从容我照例并不缺少的,可是来不及照相,我便滚到船一边了。说到在危险中人还从从容容,我记起了十二年前坐那军服船上行,到一个名为"白鸡关"的情形来了。那时船正上滩,忽然掉了头,船向下溜去。船既是上行的,到上滩时照例所有水手皆应当去拉纤,船上只有一个拦头一个掌梢的,两个人在急滩上驾只大船可不容易,因此在斜行中船就兵的同石头相磕,顷刻之间船已进了水,且很快的向下溜去。我们有三个朋友在船上,两人皆吓慌了,我可不在乎。我看好了舱板同篙子,再不成,我就向水中跳。但很好,我们居然不用跳水还拢了岸,水过船面两寸许,只湿了我们的脚。一切行李皆拿在手上,一个小包袱,除了两只脚沾了点水以外,什么也不湿。故这次打船经验可以说是非常合算的。我们还在那河滩上露宿一夜,可以说干赚得这一夜好生活!这次坐的船太小了点,还无资格遇这种危险,你不用为我担心,反应为我抱屈,因为多有次危险经验,不是很有意思的事么?

那支笔我觉得有点可惜,因为这次旅行的信,差不多全是它写的。现在大致很孤独的卧在深水里,间或有一只鱼看到那么一个金色放光的笔尖,同那么一个长长的身体,觉得奇异时,会游过去嗅嗅,又即刻走开了。想起它那躺在深水里慢慢腐去,或为什么石头压住的情形,我这时有点惆怅。凡是我用过的东西,我对它总发生一种不可言说的友谊,我不知道这是什么原因。

我们的船又在上滩了,不碍事,我心中有你,我胆儿便稳稳的了。眼看到一个浪头跟着一个浪头从我船旁过去,我不觉得危险,反而以为你无法经验这种旅行极可惜。

又有了橹歌,同滩水相应和,声音雍容典雅之至。我歇歇,看看水,再来告你。我担心墨水不够我今天应用,故我的信也好像得悭吝一些了。

二哥
十七日上十一点卅五分

滩上挣扎

我不说除了掉笔以外还掉了一支……吗?我知道你算得出那是一支牙骨筷子的。我真不快乐,因为这东西总不能单独一支到北平的。我很抱歉。可是,你放心,我早就疑心这筷子即或有机会掉到河中去,它若有小小知觉,就一定不愿意独自落水。事不出我所料,在舱底下我又发现它了。

今天我小船上的滩可特别多,河中幸好有风,但每到一个滩上,总仍然很费事。我伏卧在前舱口看他们下篙,听他们骂野话。现在已十二点四十分,从八点开始只走了卅多里,还欠七十里,这七十里中还有两个大滩,一个长滩,看情形又不会到地的。这条河水坐船真折磨人,最好用它来作性急怠人犯罪以后的处罚。我希望这五点钟内可以到白溶下面泊船,那么明天上午就可到辰州了。这时船又在上一个滩,船身全是侧的,浪头大有从前舱进自后舱出的神气,水流太急,船到了上面又复溜下,你若到了这些地方,你只好把眼睛紧紧闭着。这还不算大滩,大滩更吓人!海水又大又深,但并不吓人,仿佛很温和。这里河水可同一股火样子,太热情了一点。好像只想把人攫走,且好像完全凭自己意见做去。但古怪,却是这些弄船人。他们逃避急流同漩水的方法可太妙了,不管什么情形他们总有办法避去危险。到不得已时得往浪里钻,今天已钻三回，可是又必有方法从浪里找出路。他们逃避水的方法，比你当年避我似乎还高明。他们明白水，且得靠水为生，却不让水把他们攫去。他们比我们平常人更懂得水的可怕处，却从不疏忽对于水的注意。你实在还应当跟水手学两年，你到之江避暑，也就一定有更多情书可看了。

…………

我离开北平时，还计划到，每天用半个日子写信，用半个日子写文章。谁知到了这小船上，却只想为你写信，别的事全不能做。从这里看来我就明白没有你，一切文章是不会产生的。先前不同你在一块儿时，因为想起你，文章也可以写得很缠绵，很动人。到了你过青岛后，却因为有了你，文章也更好了。但一离开你，可不成了。倘若要我一个人去生活，作什么皆无趣味，无意思。我简直已不像个能够独立生活下去的人。你已变成我的一部分，属于血肉、精神一部分。我人并不聪明，一切事情得经过一度长长的思索，写文章如此，爱人也如此，理解人的好处也如此。

你不是要我写信告爸爸吗？我在常德写了个信，还不完事，又因为给你写信把那信搁下不写了。我预备到辰州写，辰州忙不过来，我预备到本乡写。我还希望在本乡为他找得出点礼物送他。不管是什么小玩意儿，只要可能，还应当送大姐点。大姐对我们好处我明白，二姐的好处被你一说也明白了。我希望在家中还可以为她们两人写个信去。

三三，又上了个滩。不幸得很……差点儿淹坏了一个小孩子，经验太少，力量不够，下篙不稳，结果一下子为篙子弹到水中去了。幸好一个年长水手把他从水中拉起，船也侧着进了不少的水。小孩子

滩上挣扎

被人从水中拉起来后,抱着桅子荷荷的哭,看到他那样子真有使人说不出的同情。这小孩就是我上次提到一毛钱一天的候补水手。

这时已两点四十五分,我的小船在一个滩上挣扎,一连上了五次皆被急流冲下,船头全是水,只好过河从另一方拉上去。船过河时,从白浪里钻过,篷上也沾了浪。但不要为我着急,船到这时业已安全过了河。最危险时是我用～～～号时,纸上也全是水,皮袍也全弄糟了。这时船已泊在滩下等待力量的恢复,再向白浪里弄去。

这滩太费事了,现在我小船还不能上去。另外一只大船上了将近一点钟,还在急流中努力,毫无办法。风篷、纤手、篙子,全无用处。拉船的在石滩上皆伏爬着,手足并用的一寸一寸向前。但仍无办法。滩水太急,我的小船还不知如何方能上去。这时水手正在烤火说笑话,轮到他们出力时,他们不会吝惜气力的。

三三,看到吊脚楼时,我觉得你不同我在一块儿上行很可惜,但一到上滩,我却以为你幸好不同来,因为你若看到这种滩水,如何发吼,如何奔驰,你恐怕在小船上真受不了。我现在方明白住在湘西上游的人,出门回家家中人敬神的理由。从那么一大堆滩里上行,所依赖的固然是船夫,船夫的一切,可真靠天了。

我写到这里时,滩声正在我耳边吼着,耳朵也发木。时间已到三点,这船还只有两个钟头可走,照这样延长下去,明天也许必须晚上方可到地。若真得晚上到辰州,我的事情又误了一天,你说,这怎么成。

小船已上滩了,平安无事,费时间约廿五分。上了滩问问那落水小水手,方知道这滩名"骂娘滩"(说野话的滩),难怪船上去得那么费事。再过廿分钟我的小船又得上个名为"白溶"的滩,全是白浪,吉人天相,一定不有什么难处。今天的小船全是上滩,上了白溶也许天就夜了,则明天还得上九溪同横石。横石滩任何船只皆得进点儿水,劣得真有个样子。我小船有四妹的相片,也许不至于进水。说到四妹的相片,本来我想让它凡事见识见识,故总把它放在外边……可是刚才差点儿它也落水了,故现在已把它收到箱子里了。

小船这时虽上了最困难的一段,还有长长的急流得拉上去。眼看到那个能干水手一个人爬在河边石滩上一步一步的走,心里很觉得悲哀。这人在船上弄船时,便时时刻刻骂野话,动了风,用不着他做事时,就摹仿麻阳人唱橹歌,风大了些,又摹仿麻阳人打呵贺,大声的说:

"要来就快来,莫在后面捱,呵贺～～～"

"风快发,风快发,吹得满江起白花,呵贺～～～"

他一切得摹仿,就因为桃源人弄小船的连唱歌喊口号也不会!这人也有不高兴时节,且可以说时时刻刻皆不高兴,除了骂野话以外,就唱:

"过了一天又一天,心中好似滚油煎。"

心中煎熬些什么不得而知,但工作折磨到他,实在是很可怜的。这人曾当过兵,今年[1]还在沅州[2]方面打过四回仗,不久逃回来的。据他自己说,则为人也有些胡来乱为。赌博输了不少的钱,还很爱同女人胡闹,花三块钱到一块钱,胡闹一次。他说:"姑娘

---

[1] 指1933年。
[2] 即芷江。

可不是人,你有钱,她同你好,过了一夜钱不完,她仍然同你好,可是钱完了,她不认识你了。"他大约还胡闹过许多次数的。他还当过两年兵,明白一切作兵士的规矩。身体结实如二小的哥哥,性情则天真朴质。每次看到他,总很高兴的笑着。即或在骂野话,问他为什么得骂野话,就说:"船上人作兴这样子!"便是那小水手从水中爬起以后,一面哭一面也依然在骂野话的。看到他们我总感动得要命。我们在大城里住,遇到的人即或有学问,有知识,有礼貌,有地位,不知怎么的,总好像这人缺少了点成为一个人的东西。真正缺少了些什么又说不出。但看看这些人,就明白城里人实实在在缺少了点人的味儿了。我现在正想起应当如何来写个较长的作品,对于他们的做人可敬可爱处,也许让人多知道些,对于他们悲惨处,也许在另一时多有些人来注意。但这里一般的生活皆差不多是这样子,便反而使我们哑口了。

你不是很想读些动人作品吗?其实中国目前有什么作品值得一读?作家从上海培养,实在是一种毫无希望的努力。你不怕山险水险,将来总得来内地看看,你所看到的也许比一生所读过的书还好。同时你想写小说,从任何书本去学习,也许还不如你从旅行生活中那么看一次,所得的益处还多得多!

我总那么想,一条河对于人太有用处了。人笨,在创作上是毫无希望可言的。海虽俨然很大,给人的幻想也宽,但那种无变化的庞大,对于一个作家灵魂的陶冶无多益处可言。黄河则沿河都市人口不相称,地宽人少,也不能教训我们什么。长江还好,但到了下游,对于人的兴感也仿佛无什么特殊处。我赞美我这故乡的河,正因为它同都市相隔绝,一切极朴野,一切不普遍化,生活形式生活态度皆有点原人意味,对于一个作者的教训太好了。我倘若还有什么成就,我常想,教给我思索人生,教给我体念人生,教给我智慧同品德,不是某一个人,却实实在在是这一条河。

我希望到了明年,我们还可以得到一种机会,一同坐一次船,证实我这句话。

…………

我这时耳朵热着,也许你们在说我什么的。我看看时间,正下午四点五十分。你一个人在家中已够苦的了,你还得当家,还得照料其他两个人,又还得款待一个客人,又还得为我做事。你可以玩时应得玩玩。我知道你不放心……我还知道你不愿意我上岸时太不好看,还知道你愿意我到家时显得年轻点,我的刮脸刀总摆在箱子里最当眼处。一万个放心……若成天只想着我,让两个小妮子得到许多取笑你的机会,这可不成的。

我今天已经写了一整天了,我还想写下去。这样一大堆信寄到你身边时,你怎么办。你事忙,看信的时间恐怕也不多,我明天的信也许得先写点提要……

这次坐船时间太久,也是信多的原因。我到了家中时,也就是你收到这一大批信件时。你收到这信后,似乎还可发出三两个快信,写明"寄常德杰云旅馆曾芹轩代收存转沈从文亲启"。我到了常德无论如何必到那旅馆看看。

我这时有点发愁,就是到了家中,家中不许我住得太短。我也愿意多住些日子,但事情在身上,我总不好意思把一月期限超过三天以上。一面是那么非走不可,一面又非留不可,就轮到我为难时节了。我倒想不出个什么办法,使家中人催促我早走些。也许同大哥故意吵一架,你说好不好?地方人事杂,也不宜久住!

小船又上滩了,时间已五点廿分。这滩不很长,但也得湿湿衣服被盖。我只用你保护到我的心，身体在任何危险情形中，原本是不足惧的。你真使我在许多方面勇敢多了。

二哥

泊杨家岨

船又上了个滩,名为"回师"。各处是大石头,船就从石头中过去。天保佑,船又安然上去了。到上游滩多了些,船却少了些,不大能够有机会听摇橹人歌声,山又似乎反而低些了。我至多明天就可到柏子停船的地方了,我一定得照个那里水手的相来,我为这件事盼望明天有个好天气,且盼望辰州河边无积雪,却是一摊烂泥。因为柏子上岸胡闹那一天,正是飞毛毛雨的日子。那地方是我第一次出门离家,在外混日子的地方,悄悄地翻一个书记官的辞源,三个人各出三毛四分钱订申报,皆是那个地方。我最后见到我们那个可怜的爸爸,我小时节他爱我,长大时他教我的爸爸,也就是这个地方!这地方对我是太有意义了。我还穿过棉军服,每天到那地方南门口吃过汤圆,在河街上去鉴赏卖船上的檀木活车、钢钻、火镰等等宝贝。我的教育大部分从这地方开始,同时也从这地方打下我生活的基础。一个人生活前后太不同,记忆的积累,分量可太重了。不管是曹雪芹那么先前豪华,到后落寞,也不管像我那么小时孤独,近来幸福,但境遇的两重,对于一个人实在太惨了。我直到如今,总还是为过去一切灾难感到一点忧郁。便是你在我身边,那些死去了的事,死去了的人,也仍然常常不速而至的临近我的心头,使我十分惆怅的。至于你,你可太幸福了。你只看到我的一面,你爱我,也爱的是这个从一切生活里支持过来,有了转机的我,你想不到我在过去,如何在一个陌生社会里打发一大堆日子,绝想不到!

小船再过半点钟就可停泊了……不,即刻就得停泊了。船已到了"杨家岨",又是吊脚楼,飞楼杰阁似的很悦目。小船傍在大石边,只需一跳就可以上岸。岸上正有妇人说话,不知说些什么。这里已无雪,山头皆为棕色,远山则为紫色。地方静得很,无一只船,无一个人,无一堆柴。不知什么地方有人正在捶捣东西,一下一下的捣。对河也有人说话,且看不清楚人家。三三,我手全冻了,时间已六点卅五分,我想歇歇。我的舱口对风,还得把一切通风处塞塞,不然夜里又很冷。

这可不怕冷了,前舱竹篷已放下,风让了路,全不要紧了。船上已在煎鱼,油老后,哗的沙的一响,满舱皆是烟气。我喝了一碗米汤,加了点白糖,这东西算是我吃饭以外唯一的食物,也算是我唯一的饮料。我的蜡烛已点去三支,剩下两支大致刚可以到地。我到了湘西,方明白云六大哥对于他那手电筒宝贝的理由,所有城市一到夜里,街上皆是黑黑的。船傍小码头时尤其不成。有电筒,好处可多了。我忘了把我们家中那个东西带来。

船每天皆泊到小地方,我真有点点担心。今天的码头只我的小船一只,孤零零的停顿到这地方,我真有点害怕。船上那开过小差的水手,若误会了我箱中的东西,在半唱过"过了一天又一天"之余,也许真会转念头来玩新花样的。三三,这是说笑话的!这时又来了一只大船,且是向上行的。那水手已拿了我一串钱,上吊脚楼吃鸦片烟去了。他等等回来时,还一定同我说到河街吊脚楼,同大脚婆娘烧烟故事的。我请他的客,他却告我很多新鲜事情。这个人若会写字,且会把所认得的字写他的一切,他才真真是个地道普罗作家!这人用口说故事时,还能加上一些铺叙,一点感想,便是一张口,也比较许多笔写出来的故事深刻多了。

我为了想看看那河街烟馆,若有个灯,真还要上岸去一次!我明天一定到辰州河街去的,我还得去家中看看灵官巷的新房子。

我吃饭了,等等再告你。

二哥

十七日下午七点廿分

潭中夜渔

我只吃一碗饭,鱼又吃了不少。这时已七点四十,你们也应当吃过饭了。我们的短期分离,我应多受点折磨,方能补偿两人在一处过日子时,我对你疏忽的过失,也方能把两人同车时我看报的神气使你忘掉。我还正在各种过去事情上,找寻你的弱点与劣点,以为这样一来,也许我就可以少担负一份分离的痛苦。但出人意料的是我越找寻你坏处,就越觉得你对我的好处……

夜晚了,船已停泊,不必担心相片着水,我这时又把你同四丫头的相从箱中取出来了。我只想你们从相片上跳下来,我当真那么傻想……我应当多带些你们的相片来了。我还忘了带九九同你元和大姐的相片,若全带到箱子里,则我也许可以把些时间,同这些相片来讨论点事情,或说几个故事,或又模拟你们口吻,说点笑话……现在十天了我还无发笑机会。三三,四丫头近来吃饭被踢没有?应当为我每次踢她一脚。还有九妹,我希望她肯多问你些不认识的生字,不必说英文,便是中文她需要指点的方面也就很多。还有巴金,我从没为他写信,却希望你把我的路上一切,撮要告给他,并请他写点文章,为刊物登载。还有杨先生[①],你也得告

[①] 即杨振声,现代作家、教育家。当时负责组织沈从文等为华北中小学生编写教材和基本读物的任务。

他我在路上的情形。我为了成日成夜给你这个三三写信，别的信皆不曾动手，也无动手机会，你为我各处说一声就得了。

现在已九点了，这地方太静，静得有些怕人。晚上风又大了些也猛了些，希望它明天还能够如此吹一天，则到辰州必很早。我想最好我再过五天可到家……我一切信上皆不敢提及妈的病，我只担心她已很沉重，又担心她正已复元，却因我这短期回家，即刻分离增加她老人家的病痛。我心虚得很。三三，这十多天想来我已有很多信件了，我希望其中并无云六报告什么不吉消息。我还希望你们能把我各处来信看看，应复的你且为我一一复去。我这一走必忙坏了你……

三三，这河面静中有个好听的声音，是弄鱼人用一个大梆子，一堆火，搁在船头上，河中下了拦江钓，因此满河里去擂梆子，让梆声同火光把鱼惊起，慌乱的四窜便触了网。这梆声且轻重不同，故听来动人得很。这种弄鱼方法，你从书上是看不到的。还有用火照鱼，用鸡笼捕鱼，用草毒鱼种种方法，单看书，皆毫无叙述。

我小船泊的地方是潭里，因此静得很，但却有种声音恐怕将使我睡不着。船底下有浪拍打，叮叮咚咚的响。时间已九点四十分，我的确得睡了……

弄鱼的梆声响得古怪，在这样安静地方，却听到这种古怪声音，四丫头若听到，一定又惊又喜。这可以说是一首美丽的诗，也可以说一种使人发迷着魔的符咒。因为在这种声音中，水里有多少鱼皆触了网，且同时一定也还有人因此联想到土匪来时种种空气的。三三，凡是在这条河里的一切，无一不是这样把恐怖、新奇同美丽糅合而成的调子！想领略这种美丽，也应得出一分代价。我出的代价似乎太多了点……我不放下这支笔，实在是我一点自私处。我想再同你说一会儿。在这样一叶扁舟中,来为三三写信,也是不可多得的!我想写个整晚,梦是无凭据的东西,反而不如就这样好!

…………

二哥
十七日下十时一刻
船泊杨家㐊

横石和九溪

十八日上午九时

我七点前就醒了,可是却在船上不起身。我不写信,担心这堆信你看不完。起来时船已开动,我洗过了脸,吃过了饭,就仍然作了一会儿痴事……今天我小船无论如何也应当到一个大码头了。我有点慌张,只那么一点点。我晚上也许就可以同三弟从电话中谈话的。我一定想法同他们谈话。我还得拍发给你的电报,且希望这电报送到家中时,你不至于吃惊,同时也不至于为难。你接到那电报时若在十九,我的船必在从辰州到泸溪路上,晚上可歇泸溪。这地方不很使我高兴,因为好些次数从这地方过身皆得不到好印象。风景不好,街道不好,水也不好。但廿日到的浦市,可是个大地方,数十年前极有名,在市镇对河的一个大庙,比北平碧云寺还好看。地方山峰同人家皆雅致得很。那地方出肥人,出大猪,出纸,出鞭炮。造船厂规模很像个样子。大油坊长年有油可打,打油人皆摇曳长歌,河岸晒油篓时必百千个排列成一片。河中且长年有大木筏停泊,有大而明黄的船只停泊,这些大船船尾皆高到两丈左右,渡船从下面过身时,仰头看去恰如一间大屋。那上面一定还用金漆写得有一个"福"字或"顺"字!地方又出鱼,鱼行也大得很。但这个码头却据说在数十年前更兴旺,十几年前我到那里时已衰落了的。衰落的原因为的是河边长了沙滩,不便停船,水道改了方向,商业也随之而萧条了。正因为那点"旧家子"的神气,大屋、大庙、大船、大地方,商业却已不相称,故看起来尤其动人。我还驻扎在那个庙里半个月到廿天,属于守备队第一团,那庙里墙上的诗好像也很多,花也多得很,还有个"大藏"①,样子如塔,高至五丈,在一个大殿堂里,上面用木砌成,全是菩萨。合几个人力量转动它时,就听到一种吓人的声音,如龙吟太空。这东西中国的庙里似乎不多,非敕建大庙好像还不作兴有它的。

我船又在上一个大滩了,名为"横石",船下行时便必需进点水,上行时若果是只大船,也极费事,但小船倒还方便,不到廿分钟就可以完事的。这时船已到了大浪里,我抱着你同四丫头的相片,若果浪把我卷去,我也得有个伴!

三三,这滩上就正有只大船碎在急浪里,我小船挨着它过去,我还看得明明白白那只船中的一切。我的船已过了危险处,你只瞧我的字就明白了。船在浪里时是两面乱摆的。如今又在上第二段滩水,拉船人得在水中弄船,支持一船的又只是手指大一根竹缆,你真不能想象这件事。可是你放心,这滩又拉上了……

我想印个选集了②,因为我看了一下自己的文章,说句公平话,我实在是比某些时下所谓作家高一筹的。我的工作行将超越一切而上。我的作品会比这些人的作品更传得久,播得远。我没有方法拒绝。我不骄傲,可是我的选集的印行,却可以使些读者对于我作品取精摘尤得到一个印象。你已为我抄了好些篇文章,我

---

① 即转轮藏,一般称转经筒,原设于浦峰寺内。
② 这是作者第一次提到印选集的想法。两年后,《从文小说习作选》才由上海良友图书印刷公司出版。

预备选的仅照我记忆到的,有下面几篇:

柏子、丈夫、夫妇、会明(全是以乡村平凡人物为主格的,写他们最人性的一面的作品。)

龙朱、月下小景(全是以异族青年恋爱为主格,写他们生活中的一片,全篇贯串以透明的智慧,交织了诗情与画意的作品。)

都市一妇人、虎雏(以一个性格强的人物为主格,有毒的放光的人格描写。)

黑夜(写革命者的一片段生活。)

爱欲(写故事,用天方夜谭风格写成的作品。)

应当还有不少文章还可用的,但我却想至多只许选十五篇。也许我新写些,请你来选一次。我还打量作个《我为何创作》,写我如何看别人生活以及自己如何生活,如何看别人作品以及自己又如何写作品的经过。你若觉得这计划还好,就请你为我抄写《爱欲》那篇故事。这故事抄时仍然用那种绿格纸,同《柏子》差不多的。这书我估计应当有购者,同时有十万读者。

船去辰州已只有三十里路,山势也大不同了,水已较和平,山已成为一堆一堆黛色浅绿色相间的东西。两岸人家渐多,竹子也较多,且时时刻刻可以听到河边有人做船补船,敲打木头的声音。山头无雪,虽无太阳,十分寒冷,天气却明明朗朗。我还常常听到两岸小孩子哭声,同牛叫声。小船行将上个大滩,已泊近一个木筏,筏上人很多。上了这个滩后,就只差一个长长的急水,于是就到辰州了。这时已将近十二点,有鸡叫!这时正是你们吃饭的时候,我还记得到,吃饭时必有送信的来,你们一定等着我的信。可是这一面呢,积存的信可太多了。到辰州为止,似乎已有了卅张以上的信。这是一包,不是一封。你接到这一大包信时,必定不明白先从什么看起。你应得全部裁开,把它秩序弄顺,再订成个小册子来看。你不怕麻烦,就得那么做。有些专利的痴话,我以为也不妨让四妹同九妹看看,若绝对不许她们见到,就用另一纸条粘好,不宜裁剪……

船又在上一个大滩了,名为"九溪"。等等我再告你一切。

…………

好厉害的水!吉人天佑,上了一半。船头全是水,白浪在船边如奔马,似乎只想攫你们的相片去,你瞧我字斜到什么样子。但我还是一手拿着你的相片,一手写字。好了,第一段已平安无事了。

小船上滩不足道,大船可太动人了。现在就有四只大船正预备上滩,所有水手皆上了岸,船后掌梢的派头如将军,拦头的赤着个膊子,船揸到水中不动了,一下子就跃到水中去了。我小船又在急水中了,还有些时候方可到第二段缓水处。大船有些一整天只上这样一个滩,有些到滩上弄碎了,就收拾船板到石滩上搭棚子住下。三三,这斗争,这和水的争斗,在这条河里,至少是有廿万人的!三三,我小船第二段危险又过了,等等还有第三段得上。这个滩共有九段麻烦处,故上去还需些时间。我船里已上了浪,但不妨的,这不是要远人担心的……

我昨晚上睡不着时,曾经想到了许多好像很聪明的话……今天被浪一打,现在要写却忘掉了。这时浪真大,水太急了点,船倒上得很好。今天天明朗一点,但毫无风,不能挂帆。船又上了一个滩,到一段较平和的急流中了。还有三五段。小船因拦头的不得力,已加了个临时纤手,一个老头子,白须满腮,牙齿已脱,却如古罗马人那么健壮。先时蹲到滩头大青石上,同船主讲价钱,一个要一千,一个出九百,相差的只是一分多钱,并且这钱全归我出,那船主仍然不允许多出这一百钱。但船开行后,这老头子却赶上前去自动加入拉纤了。这时船已到了第四段。

小船已完全上滩了,老头子又到船边来取钱,简直是个托尔斯太!眉毛那么浓,脸那么长,鼻子那么大,胡子那么长,一切皆同画上的托尔斯太相同。这人秀气一些,因为生长在水边,也许比那一个同时还干净些。他如今又蹲在一个石头上了。看他那数钱神气,人那么老了,还那么出力气,为一百钱大声的嚷了许久,我有个疑问在心:

"这人为什么而活下去?他想不想过为什么活下去这件事?"

不止这人不想起,我这十天来所见到的人,似乎皆并不想起这种事情。城市中读书人也似乎不大想到过。可是,一个人不想到这一点,还能好好生存下去,很希奇的。三三,一切生存皆为了生存,必有所爱方可生存下去。多数人爱点钱,爱吃点好东西,皆可以从从容容活下去的。这种多数人真是为生而生的。但少数人呢,却看得远一点,为民族为人类而生。这种少数人常常为一个民族的代表,生命放光,为的是他会凝聚精力使生命放光!我们皆应当莫自弃,也应当得把自己凝聚起来!

三三,我相信你比我还好些,可是你也应得有这种自信,来思索这生存得如何去好好发展!

我小船已到了一个安静的长潭中了。我看到了用鸬鹚咬鱼的渔船了,这渔船是下河少见的。这种船同这种黑色怪鸟,皆是

横石和九溪

我小时节极欢喜的东西,见了它们同见老友一样。我为它们照了个相,希望这相还可看出个大略。我的相片已照了四张,到辰州我还想把最初出门时,军队驻扎的地方照来,时间恐不大方便。我的小船正在一个长潭中滑走,天气极明朗,水静得很,且起了些风,船走得很好。只是我手却冻坏了,如果这样子再过五天,一定更不成事了的。在北方手不肿冻,到南方来却冻手,这是件可笑的事情。

我的小船已到了一个小小水村边,有母鸡生蛋的声音,有人隔河喊人的声音,两山不大而翠色迎人,有许多待修理的小船皆斜卧在岸上,有人正在一只船边敲敲打打,我知道他们是在用麻头同桐油石灰嵌进船缝里去的,一个木筏上面还有小船,正在平潭中溜着,有趣得很!我快到柏子停船的岸边了,那里小船多得很,我一定还可以看到上千的真正柏子!

我烤烤手再写。这信快可以付邮了,我希望多写些,我知道你要许多,要许多。你只看看我的信,就知道我们离开后,我的心如何还在你的身边!

手一烤就好多了。这边山头已染上了浅绿色,透露了点春天的消息,说不出它的秀。我小船只差上一个长滩,就可以用桨划到辰州了。这时已有点风,船走得更快一些。到了辰州,你的相片可以上岸玩玩,四丫头的大相却好在箱子里了。我愿意在辰州碰到几个必须见面的人,上去时就方便些。辰州到我县里只二百八十里,或二百六或二百廿里,若坐轿三天可到,我改坐轿子。一到家,我希望就有你的信,信中有我们所照的相片!

船已在上我所说最后一个滩了,我想再休息一会会,上了这长滩,我再告你一切。我一离开你,就只想给你写信,也许你当时还应当苛刻一点,残忍一点,尽挤我写几年信,你觉得更有意思!

　　…………

二哥

一月十八十二时卅分

历史是一条河

十八日下午二时卅分

我小船已把主要滩水全上完了,这时已到了一个如同一面镜子的潭里,山水秀丽如西湖,日头已出,两岸小山皆浅绿色。到辰州只差十里,故今天到地必很早。我照了个相,为一群拉纤人照的。现在太阳正照到我的小船舱中,光景明媚,正同你有些相似处,我因为在外边站久了一点,手已发了木,故写字也不成了。我一定得戴那双手套的,可是这同写信恰好是鱼同熊掌,不能同时得到。我不要熊掌,还是做近于吃鱼的写信吧。这信再过三四点钟就可发出,我高兴得很。记得从前为你寄快信时,那时心情真有说不出的紧处,可怜的事,这已成为过去了。现在我不怕你从我这种信中挑眼儿了,我需要你从这些无头无绪的信上,找出些我不必说的话……

我已快到地了,假若这时节是我们两个人,一同上岸去,一同进街且一同去找人,那多有趣味!我一到地见到了有点亲戚关系的人,他们第一句话,必问及你!我真想凡是有人问到你,就答复他们"在口袋里!"

三三,我因为天气太好了一点,故站在船后舱看了许久水,我心中忽然好像彻悟了一些,同时又好像从这条河中得到了许多智慧。三三,的的确确,得到了许多智慧,不是知识。我轻轻的叹息了好些次。山头夕阳极感动我,水底各色圆石也极感动我,我心中似乎毫无什么渣滓,透明烛照,对河水,对夕阳,对拉船人同船,皆那么爱着,十分温暖的爱着!我们平时不是读历史吗?一本历史书除了告我们些另一时代最笨的人相斫相杀以外有些什么?但真的历史却是一条河。从那日夜长流千古不变的水里石头和砂子,腐了的草木,破烂的船板,使我触着平时我们所疏忽了若干年代若干人类的哀乐!我看到小小渔船,载了它的黑色鸬鹚向下流缓缓划去,看到石滩上拉船人的姿势,我皆异常感动且异常爱他们。我先前一时不还提到过这些人可怜的生,无所为的生吗?不,三三,我错了。这些人不需我们来可怜,我们应当来尊敬来爱。他们那么庄严忠实的生,却在自然上各担负自己那分命运,为自己,为儿女而活下去。不管怎么样活,却从不逃避为了活而应有的一切努力。他们在他们那分习惯生活里、命运里,也依然是哭、笑、吃、喝,对于寒暑的来临,更感觉到这四时交递的严重。三三,我不知为什么,我感动得很!我希望活得长一点,同时把生活完全发展到我自己这份工作上来。我会用我自己的力量,为所谓人生,解释得比任何人皆庄严些与透入些!三三,我看久了水,从水里的石头得到一点平时好像不能得到的东西,对于人生,对于爱憎,仿佛全然与人不同了。我觉得惆怅得很,我总像看得太深太远,对于我自己,便成为受难者了。这时节我软弱得很,因为我爱了世界,爱了人类。三三,倘若我们这时正是两人同在一处,你瞧我眼睛湿到什么样子!

　　三三,船已到关上了,我半点钟就会上岸的。今晚上我恐怕无时间写信了,我们当说声再见!三三,请把这信用你那体面温和眼睛多吻几次!我明天若上行,会把信留到浦市发出的。

　　　　　　　　　　　　　　　　二哥
　　　　　　　　　　　　一月十八下午四点半
这里全是船了!

离辰州上行

……①今天雾大得很,故日里太阳必极其可观。我上船时带的有腊肠同面条,且有个照料我的副爷,这一行可太惬意了。

我寄北平的电是昨晚发的,一定可以这时收到。我一大堆信本想即刻付邮,但到家时局中已不能寄挂号信,故一切全托云六办理了。我的信分成两包,较小的一包是应后发一天的,也许云六一齐寄发了。

这次上行在家中我也许住三四天可以脱身,下行时过辰州,或将为这些乡亲要人留下多搁一天两天的。我发急得很,因为我应当早些见你。

我同行的副爷正在为我说他的事,等等我再告你。

二哥
(十九日)十点卅分

---

① 原信缺失一页,约900字。

虎雏印象

这时已下午两点,船只上小滩,在一条平衍河里走去,河面放宽一些,两岸山已不高,太阳甚好,照在这张纸上眩我眼睛!我很舒服。我的手已不再发肿,我的脚也不觉得怎样冷了。我听那虎雏说了半天关于他生活过去的故事。这副爷现在还不到廿三岁,七八岁时就打死了人,独自跑出外边,做过割草人,做过土匪,做过采茶人,做过兵。他当了七年的兵,明白的事情,比一个教授多多了。他打架喝酒的事情,不知有过多少次,但人却能干可爱之至。他跟了我三弟三四年,一切事皆可交给他,这真是个怪而了不起的人。他说到许多打小仗吃苦受罚的事情,皆正是任何一本书还不曾提到过的事情。他那分渊博处,以及因见多识广,对于自己观念打算铺叙的才干,使我不能不佩服他。我不是说这次旅行一定可以学许多吗?别的不提,单在这样一个人方面,给我有用的知识与智慧已够多了。

这时阳光真好。

我们本乡那方面,大哥也在昨晚上就拍发了一个无线电报回去了,家中得到这个电后,他们不知如何快乐!这次谁也不想到我会回来的,故辰州方面许多老朋友皆十分惊异。到了家中那天,本乡人见着了我,一定更加惊奇!离家太久真不好,一切皆生疏得很,同做客一样,我说话也似乎很困难的。

我的船昨天停泊的地方就是我十五年前在辰州看柏子停船的地方,我本想照个相已赶不及,回来时一定可把我自己照成柏子一样的。

天气太好我就有点惆怅,今天的河水已极清浅,河床中大小不一的石子,历历可数,如棋子一般,较大石头上必有浅绿色蓝丝,在水中漂荡,摇曳生姿。这宽而平平的河床,以及河中东西,皆明丽不凡。两岸山树如画图,秀而有致。船在这样一条河中行走,同舱中缺少一个你,觉得太不合理了。

我想我也得睡睡才好,我昨天只睡三个钟头……

人家都说我胖了些,这话从他们口中说出我不甚相信,但从他们本人肥瘦上看来,我却十分相信。我昨天见到五个熟人,其中就只有一个天生胖子,其胖如昔,其余诸人,全似乎还不如我的。这里人说话皆大声叫喊,吃东西随便把花生橘子皮壳撒满一地,客人在家中不作兴脱帽,很有趣味。

二哥

十九日下午三时

到泸溪

十九日下四时廿分

我小船走得很好,上午无风,下午可有风,帆拉得满满的。河水还依然如前一信所说,很平很宽,不上什么滩,也不再见什么潭。再有十里我船可以到泸溪,船就得停泊了。天气好得很……动身时,我们最担心处是上面不安静,但如今这里的安静却令人出奇,只须从天气河流上看来,也就使人不必再担心有任何困难,会在远行人方面发生了。管领这条河面的是辰州那个戴旅长,军纪好得很,河面可以说是太安全了。在家在辰州的朋友亲戚,他们全将不许我走路,全要我多住一天两天,这可不成。我想在家中住三天,回转辰州住那一天,我想要云六大哥请客,把朋友请到新家来吃一顿。至于在家中,则打量一律不赴人的酒席。凡请我吃饭的,皆用"想陪母亲"来挡拒。这样一来当轻松一些。一切熟人皆相隔太久了,说话也无多意思,这些人某种知识也许比我的好过数倍,但我也无从去学习,因为学来也毫无用处。一切熟人生活皆与我完全不同,且仿佛皆活得比我更起劲,我同他们去玩也似乎不能再在一处玩了。家中只有妈同六弟同几个老年亲戚可以看看,在家中时,家中人一定特别快乐,我也一定特别快乐的。我就发愁要走,或走不动……

我小船已到了泸溪,时间六点多一些,天气太好,地方风景也雅多了。这里城不十分坏,码头可不像个样子,地方上下六十里皆著名码头,故商务萧条得很,只是通峒河①的船,则应从此地分流。若想乘船直到我家乡,便可在此地搭船上行的。峒河来源很怪,全从悬崖石壁中流出,一下就可行船。另一支流则直经过我的家乡小城,绕城上行达到苗乡乌巢河的。

我小船已泊定,吃了两碗白面当饭,这时正有廿来只大船从上游下行,满江的橹歌,轻重急徐,各不相同又复谐和成韵。夕阳已入山,山头余剩一抹深紫,山城楼门矗立留下一个明朗的轮廓,小船上各处有人语声,小孩吵闹声、炒菜落锅声、船主问讯声。我真感动,我们若想读诗,除了到这里来别无再好地方了。这全是诗。

天黑了,我想把这信发了,故不写完。但写不完的却应当也为你看出些字句较好,因为这是从我身边来的一张纸……

你的心
十九下六时半

---

① 其下游称武水,在泸溪汇入沅水。

泸溪黄昏

十九下午七时

我似乎说过泸溪的坏话,泸溪自己却将为三三说句好话了。这黄昏,真是动人的黄昏!我的小船停泊处,是离城还有一里三分之一地方,这城恰当日落处,故这时城墙同城楼明明朗朗的轮廓,为夕阳落处的黄天衬出。满河是橹歌浮着!沿岸全是人说话的声音,黄昏里人皆只剩下一个影子,船只也只剩个影子,长堤岸上只见一堆一堆人影子移动,炒菜落锅的声音与小孩哭声杂然并陈,城中忽然唢的一声小锣,唉,好一个圣境!

我明天这时,必已早抵浦市了的。我还得在小船上睡那么一夜,廿一则在小客店过夜,如《月下小景》一书中所写的小旅店,廿二就在家中过夜了……

明天就到廿了,日子说快也快,说慢又慢。我今天同昨天在路上已看到许多白塔,许多就河边石上捶衣的妇人,而且还看到河边悬崖洞中的房屋,以及架空的碾子。三三,我已到了"柏子"的小河,而且快要走到"翠翠"的家乡了!日中太阳既好,景致又复柔和不少,我念你的心也由热情而变成温柔的爱。我心中尽喊着你,有上万句话,有无数的字眼儿,一大堆微笑,一大堆吻,皆为你而储蓄在心上!我到家中见到一切人时,我一定因为想念着你,问答之间将有些痴话使人不能了解。也许别人问我:"你在北平好!"我会说:"我三三脸黑黑的,所以北平也很好!"不是这么说也还会有别的话可说,总而言之则免不了受人一点点开玩笑的机会。母亲年老了,这老人家看到我有那么一个乖而温柔的三三,同时若让这老人家知道我们如何要好,她还会更高兴的。我在辰州时,云六说:"妈还说'晓得从文怎么样就会选到一个屋里人?同他一样的既不成,同他两样的,更不好。'可是如今可来了,好了,原来也还有既不同样也不异样的人!"家中人看到我们很好,他们的快乐是你想不出的。他们皆很爱你,你却还不曾见过他们!

  三三,昨天晚上同今晚上星子新月皆很美,在船上看天空尤可观,我不管冻到什么样子,还是看了许久星子。你若今夜或每夜皆看到天上那颗大星子,我们就可以从这一粒星子的微光上,仿佛更近了一些。因为每夜这一粒星子,必有一时同你眼睛一样,被我瞅着不旁瞬的。三三,在你那方面,这星子也将成为我的眼睛的!

你的二哥
十九下九时

天 明 号 音

廿下一时十分

这里已是下午一点又十分,我的船已过了有名的箱子岩,再过四点钟就会到最后一个码头了。我小船是上午七点开行的。船还未开动时,听到各船上吹天明号音,从大船起始,凡是有军队的皆一一依次吹号,吹完事后便听到有人拉移铁锚声,推篷声,喊人声。这点情形使我温习了一个日子长长的旧梦。我上来还是第一次听到天明号音。大约十四年前时节,我同许多人一样,这声音刚起头,各人就应当从热被中爬起,站在大坪中成一列点名的。现在呢,我同样被这号音又弄醒了。我想念你。三三,倘若两人一同在这小船上来为这种号音惊醒,我一定会告你许多旧事。但如今我写不完这些旧事,这太多了,太旧了,太琐碎了。你若听到过这样号音,一定也有些悟处。这种声音说起来真是又美又凄凉,我还不曾觉得有何种音乐能够与这个相提并论。

我早饭吃得很好,你放心。我似乎并不瘦,你放心。我还有三天在路上过日子,这三天之中我将吃得饱饱的,睡得足足的,使家中人见到,皆明白这是你给我一切照料的结果。我在辰州已换了件汗衣,是云六的。我墨水泼尽后又新从大哥处取来一瓶,到家后这种东西必不缺少,可是纸张只剩下一点点,倒有点惶恐,只担心到地后找寻不着这种东西。我到辰州时送了大哥一个苹果,吃完事后他把眼睛一闭,"吃得吗?金山苹果!美国桔子!维他命多,合乎卫生!"三三,他那神气真妩媚得很!

你收到这信后必有四天方可再得到我的信,因为从浦市过凤凰,来回必须四天的。我还怕初到地不能为你写信,希望得你原谅。

我小船到了一个好山下了,你瞧,多美丽!我想看看这山,等等再写给你一些。

你二哥
廿下四时廿分

浦市已到,一切安宁。

到 凤 凰

廿二上午八时①

我昨天下午三点到了家中,天气很好,故一切皆觉得好。母亲好了些,但瘦得很。我来了,大家当然十分快乐。我不能发电告你,就因为这地方只能收电,无法发电。

到了家中接到你四个信,家中人因为不见我来,十分希奇,故看了信。看了信方知道我业已回来,你瞧,多古怪。到辰州发的电,却反而比人缓到一些。你寄来的相业已见到,很不坏,四人在冰上照的,你似乎比谁都好。我这几天可不能为你写长长的信了,你明白这是无空暇时间的原因。我已见过了老上司,且同时见到了一些朋友。我在街上打了一转,印象是地方小了许多。街太小,人可太多了。走到街上去时,我真有点惊讶。

我写这信时是在火炉边的,弟弟在身边,母亲在床上。

我大约十三下辰州回北平,说不定比预定日子迟,此事请同杨先生说说,很抱歉。我离家太久,母亲又病得厉害,留我多住两天,把十二②那天母亲的生日过去再走,希望杨先生原谅。

---

① 根据前后信内容,应为廿三日。
② 指旧历腊月十二,即一月廿六日。

当到大家写信,我不好意思说……

二哥
廿二

感慨之至

廿二下九时半

四点前发了个信,同时还去信告云六,要他为我拍个电报告你一切,可不知他会不会忘掉这件事。我到了这里一天半,各处是熟人,我不出门找他们,就有人来找我,故抽不出时间来详详细细告你一切事情了。我为了会见客人头也弄晕了,只有看你的信可以清醒一些。我希望你会还有三个来信的。我十三下行,就还有三个日子方能动身,若这三天无你信来,我是不快乐的。

这里一切使我感慨之至。一切皆变了,一切皆不同了,真是使我这出门过久的人很难过的事!妈病得很坏,近来虽离去危险期,但人还是瘦得很。我一时真不想离开她,但又不能不离开这老人家。我只想多陪她坐坐,但客人一来一坐又总是很久很久。我心乱得很,我很悔见到熟人,却妨碍了我同妈谈话的机会。我现在想有个办法把自己同熟人拉开,可是又无这个办法。

你想想,在这种情形下我如何办。

我见到了你的相,照得很美,故亲戚一问到你时,我必把相片给她们看。多少人皆把你看成了不得的,这为的是什么?不过为的是使妈高兴罢了。

我一上了岸,接到你的信,心就乱极了。三三,我希望你不要难过,我在十号以前会回来的。我也正想着,将来回到北平,决不会再使你面壁了!我想一切皆是我的不是,我向你认错,你原谅了我。我更得向三三认错,在信上说把你文章丢到黄河。其实并无这回事,健吾的文章同你的,皆好好的在箱子里!

这时已十点半了,家中人业已睡尽,我也得睡了。我希望这个时节你已安睡。

二哥
廿二下十时半

我想你得很!你应当还有些信来方好。
买白松糖浆二瓶当信寄。妈急于要用。

辰州下行

二月一号下五时①

我小船在一个两岸皆山,山半皆吊脚楼的某处过去,我想起应当为你写信了。我小船所到的地方,正是从辰州寄发一大堆信所写到的地方。上行时这些河边小屋如何感动了我,现在依然又有了机会到这种感动中来写信!这时已经快要入夜了。河边小屋在雨后屋瓦皆极黑,上面为炊烟包着浸着。远山还在雾里,同样在这条河中向上行驶的船,皆各挂了大小不等的白帆,沿河走去。有摇橹人歌声,有呐喊声。我的小船上的水手之一,已把晚饭菜煮好,只等待到了那个预定要到的站头,就抛了锚吃饭。今天从辰州开船时已七点八点,但船小而且轻,风又不大,故仍然走了八十九十里路。这小船应泊的地方名为潭口,明早便又得下最大的青浪滩了。照这样子算来,我是应当可以希望在八号到北平的。我也许到武昌停顿一天,把一点东西送给叔华。但我却愿意早见你们,不妨把东西从北平寄给她。这信是必须后天方能发出的,它将比我先到一天。

今早我上船时,大哥三弟皆送我到船边。船停顿的泥滩便是

---

① 根据原信编号,在此信前缺失5封。

柏子小船停顿的泥滩,对河有白塔,河中有大小船数百,许多人皆同柏子一样,我感动得很!大哥在我小船开动以后还哑着个喉咙说:"三月三人来啊,三月三人来啊!"他真希望你们来看看他经营的好看小屋,那屋在辰州地方很出色,放到青岛去时也依然是出色的。

信写到这里时我吃了一顿好饭,船停在河心买柴,吃完了饭站到外面看看,我无法形容所见的一切。总而言之,此后我再也不把北平假古画当宝贝了。

时间快要夜了,我很温柔的想着你。我还有八天方可见你,但我并不如上行时那么焦躁了。顺水行船也是使我不着慌的理由。我心很静,很温柔。

我因为在上面吃辣的太多,泻了许多天,上船来可好了。我一定瘦些了,我正希望到车上去多加点养料到身上去。我除了稍瘦一切都好,你放心。若这信比我先到,我得请求你不要睡不着觉,我至多只会慢这信一天到地的。

这次的船比上次还干净宽畅。

二哥

一日下五时卅七分

再到柳林岔

二号上午九点

这个时节我的小船已行走了五十里路,快要到美丽的柳林岔了。今天还未天亮时,船上人乘着濛濛月就下了最大最长的一个青浪滩,船在浪里过去时,只听到吼声同怒浪拍打船舷声,各处全是水,但毫不使人担心。照规矩,下行船在潭口上游有红嘴老鸦来就食,这船就不会发生任何危险。老鸦业已来过,故船上人就不在乎了。说到这老鸦时也真怪,下行船它来讨饭,把饭向空中抛去,它接着,便飞去了。它却不向上行船打麻烦。今天无风,水又极稳,故预备一夜赶到桃源。但车子不凑巧,我也许不能不在常德停一天,必得后天方能过长沙。天气阴阴的,也不很冷,也无雨无雪,坐船得这样天气,可以说是十分幸福的。我觉得一天比一天接近你了,我快乐得很!

我今天又得吃鱼,水手的鱼真不可不吃,不忍不吃。鱼卖一毛钱一斤,不买它来吃,不说打鱼人,便是鱼也会多心的。我带来了不少腊肉、腊肠,还有十筒茶叶,一百橘子。还有个牛角,从苗巫师处得到,预备送一个人的。还有圈子,应作送四丫头等的钏子。还有梨子,味道并不怎样高明,但已是"五千里外远客"的梨子。还有印花布,可以作客厅垫单用的宝物!到长沙时,我或许为你们带了些酱油来，或许还可带两对鸭绒枕心作为垫子。我在长沙应蹲个半天，还应见四五个人，希望天晴，在街上可以多见识见识。长沙一切皆不恶，市面尤其好看。

……前天晚上我在辰州戴家吃消夜，差不多把每一样菜皆来上一把辣子，上到鱼翅时，我以为这东西大约不会辣了，谁知还是有一钱以上的胡椒末在汤中。可是到后上莲子，可归我独享了。回家时已十二点钟，先回家的大哥早已睡觉了。

我小船又在下滩了，好大的水！这水又窄又急，滩下还停顿得有卅来只大船等待一一上滩。那滩下转折处的远山，多神奇的设计！我只想把你一下捉到这里来，让你一惊，我真这么想。我希奇那些住在对岸的人，对着这种山还毫不在乎。

我这时已吃过了一顿模范早餐，我吃完了饭，水手也吃完了饭，各人在吸丝烟，船在一个梢公桨下顺流而下，这长潭，又是多么神奇的境界！我吃的是一大碗糙米饭，一碗用河水煮就的河鱼，一碗紫菜苔，一点香肠。三斤半的鲤鱼我大约吃了十二两，一个大尾巴，用茶油煎成黄色的家伙，我差不多完全吃光了。假若这样在船上半年，不必读一本书，我一定也聪明多了。河鱼味道我还缺少力量来描写它。

在岸上吃过饭后的人总懒些呆些，在船上可两样了。我在船上每次把饭吃过以后，人总非常舒服。只想讲话，只想动，只想写。六月里假若我们还可以有一个月离开北平，我以为纵不是过辰州避暑，也不妨来湖南坐坐我所坐的小船，因为单是船上这种生活，只要一天，你就会觉得其他任何麻烦皆抵消了。这河上的一切，你只需看一眼，你就会终生不忘的。等着六月再看吧，若果六月时短期离开北平不是件大事，我们就来到这河上证实一下我所说的一切吧。

　　今天一点儿风也不起,我的小船一个整天会在这条河上走两百里路的。今天所走的路,抵前次上行四天所走的路。你只想想这个比数,也就可以想象得出这段河流的速度了。

　　　　　　　　　　　　　　　二哥
　　　　　　　　　　　十二点或者还欠些
　　　　　　　　　　（我表已不在手边了）

过 新 田 湾

二号十二点过些

假若你见到纸背后那个地方,那点树,石头,房子,一切的配置,那点颜色的柔和,你会大喊大叫。不瞒你,我喊了三声!可惜我身边的相匣子不能用,颜色笔又送人了,对这一切简直毫无办法。我的小船算来已走了九十里,再过相等时间,我可以到桃源了。我希望黄昏中到桃源,则可看看灯,看看这小城在灯光中的光景。还同时希望赶得及在黄昏前看桃源洞。这时一点儿风没有,天气且放了晴,薄薄的日头正照在我头上。我坐的地方是梢公脚边,他的桨把每次一推仿佛就要磕到我的头上,却永远不至于当真碰着我。河水已平,水流渐缓,两岸小山皆接连如佛珠,触目苍翠如江南的五月。竹子、松、杉,以及其他常绿树皆因一雨洗得异常干净。山谷中不知何处有鸡叫,有牛犊叫,河边有人家处,屋前后必有成畦的白菜,作浅绿色。小埠头停船处,且常有这种白菜堆积成 A 字形,或相间以红萝卜。三三,我纵有笔有照相器,这里的一切颜色,一切声音,以至于由于水面的静穆所显出的调子,如何能够一下子全部捉来让你望到这一切,听到这一切,且计算着一切,我叹息了。我感到生存或生命了。三三,我这时正像上行时在辰州较下游一点点和尚洲附近,看着水流所感到的一样。我好像智慧了许多，温柔了许多。

三三，更不得了，我又到了一个新地方，梢公说这是"新田湾"。有人唤渡，渔船上则有晒帆晾网的。码头上的房子已从吊脚楼改而为砖墙式长列，再加上后面远山近山的翠绿颜色，我不知道怎么来告你了。三三，这地方同你一样，太温柔了。看到这些地方，我方明白我在一切作品上用各种赞美言语装饰到这条河流时，所说的话如何蠢笨。

我这时真有点难过，因为我已弄明白了在自然安排下我的蠢处。人类的言语太贫乏了。单是这河面修船人把麻头塞进船缝敲打的声音，在鸡声人声中如何静，你没有在场，你从任何文字上也永远体会不到的！我不原谅我的笨处，因为你得在我这枝笔下多明白些，也分享些这里这时的一切！三三，正因为我无法原谅自己，我这时好像很忧愁。在先一时我以为人类是个万能的东西，看到的一切，并各种官能感到的一切，总有办法用点什么东西保留下来，我且有这种自信，我的笔是可以作到这件事情的。现在我方明白我的力量差得远。毫无可疑，我对于这条河中的一切，经过这次旅行可以多认识了一些，此后写到它时也必更动人一些，在别人看来，我必可得到"更成功"的谀语，但在我自己，却成为一个永远不能用骄傲心情来作自己工作的补剂那么一个人了。我明白我们的能力，比自然如何渺小，我低首了。这种心境若能长久支配我，则这次旅行，将使我在人事上更好一些……

这时节我的小船到了一个挂宝山前村，各处皆无宝贝可见。梢公却说了话：

"这山起不得火，一起火辰州也就得起火。"

我说："那一个山？"原来这里有无数小山。

梢公用手一挥:"这一串山!"

我笑了。他为我解释:

"因为这条山迎辰州,故起不得火。"

真是有趣的传说,我不想明白这个理由,故不再问他什么。我只想你,因为这山名为挂宝山,假若我是个梢公,前面坐了一个别的人,我告他的一定是关于你的事情!假若我不是梢公,但你这时却坐在我身旁,我凭空来凑个故事,也一定比"失火"有趣味些!

我因为这梢公只会告我这山同辰州失火有关,似乎生了点气,故钻进舱中去了。我进舱时听岸边有黄鸟叫,这鸟在青岛地方,六月里方会存在。

这次在上面所见到的情形,除了风景以外,人事却使我增加无量智慧。这里的人同城市中人相去太远,城市中人同下面都市中人又相去太远了,这种人事上的距离,使我明白了些说不分明的东西,此后关于说到军人,说到劳动者,在文章上我的观念或与往日完全不同了。

我那乡下有一样东西最值钱,又有一样东西最不值钱,我不告给你,你尽可同四丫头、九九,三人去猜,谁猜着了我回来时把她一样礼物。

我在家中时除泻以外头总有点晕,脚也有点疼,上了船,我已不泻不疼,只是还有些些儿头晕。也许我刚才风吹得太久了点,我想睡睡会好些。如果睡到晚上还不见好,便是长途行旅,车船颠簸把头脑弄坏了的缘故。这不算大事,到了北平只要有你用手摸摸也就好了。

············

过新田湾口

我头晕得很,我想歇歇,可是船又在下滩了。

二哥
大约二点左右

重抵桃源

我小船这时就到了桃源,想不到那么快的。这时大约还不过八点钟,算算时间,昨天从八点到下六点计十个钟头,今天从上六点到下八点计十四个钟头,一共廿四个钟头便把上行的六天所走的路弄完了。若不为了过常德取你的信,我明天是就可以到长沙的。若照如此经济办法说来,则从辰州到北平,也不过只需要七天或六天的日子罢了。我的小船这时已停泊了,我今夜还在船上睡觉,明天一早就搭了汽车过常德。我估想到那旅馆可以接到你三个信,有两个信却是同一天付邮的。这信中所说的正是我要听的话,不管是骂我也行,我希望至少有一个信,在火车上方不寂寞。我要水手为我买了十个桃源鸡蛋,也许居然还可以带一个把到北平。想到我不过五天就可以见着你,我今晚上可睡不着了。我有点发慌,我知道你们这时节是在火炉边计算着我的路程的。我仿佛看着你们。我慌得很!我们不在一块儿太久了!你真万想不到我每个日子如何的过。

我今天又看了一本新书,日本人所作的,提到近代艺术的一般思潮,文章还好却也不顶好。我想这种书你一定不高兴看,但这种书能耐耐烦烦看下去,对你实在很有益处。一般人不能作论文,不是无作论文的能力,只是不会作。看了这本书,也许多少有些好处。

这里有人用废缆作火炬,一面晃着一面在河边走路,从舱口望去好看得很。

二哥
二月二日晚

尾 声

沈从文致沈云六

大大①：

　　你廿三号来信五号收到，一切都明白了。这次回南，本想使妈快乐一点，想不到结果反而使妈大不快乐，见大大来信，觉得伤心。因再想同妈谈谈，也来不及了。妈生前既全得你同大嫂等服侍，丧事又全由大大主持，在这里说感谢近于客气，但事实上弟等实仍感谢之至也。丧事既了，六弟又复下行，想家中近来当极寂寞，你病好些没有？我们真极关心。我来回在路上太久，一到北平，也病倒了，幸好日来已能做事，不至于延长日子。你说三月再下辰州，计划也好，若果三月六弟得过北平，你早搬下辰州也好一些。房子半途而止，实不成事，一切还得要你主持。六弟病后性情略躁，也极自然。你如今已像父亲，大嫂即是母亲，许多事没有你那里会弄得好？至于你担心到了辰州，恐前途困难，请你千万放心。我们生活不至于极坏，妈虽过去了，大大生活难道就不应当我们来负点责吗？只请你放心。关于你同大嫂生活我总来想办法，每月为你们弄来，即或六弟一时无办法，你也不会为难。你只管大胆些，我这里当为你按月弄点来。三十够不够？若不够，又多弄些。关于房

---

① 即哥哥。

子欠款,我有,也会陆续弄些来填还,因为我懂得这些钱是你用面子借来的,我们不会使你为这件事不好见人。我要告你的是此后关于你事情我总尽力。我尽力做事,尽力为你想办法,请你放心。

我在此事略忙,因为各处皆要文章,一双手当然忙不过来。加上近来还得为《国闻周报》作评论,星期天也无休息时节。我只希望我莫病,我无论如何,总得赤手空拳弄出个局面,让大大看到,会说沈家的人究竟并不蹩脚的。这里三人都好,请你同大嫂放心。

并问安佳。

二弟 上
廿三年三月五日晚